九年一贯制学校办学创新探索丛书
丛书主编：黄伟

U0827251

选择与突破

——区域九年一贯制学校办学创新探索

黄伟◎主编

教育科学出版社
·北 京·

出 版 人　李　东
项目统筹　池春燕
责任编辑　池春燕
版式设计　宗沅书装　吕　娟
责任校对　张　珍　张晓雯
责任印制　叶小峰

图书在版编目（CIP）数据

选择与突破：区域九年一贯制学校办学创新探索 / 黄伟主编. -- 北京：教育科学出版社，2016. 10
（九年一贯制学校办学创新探索丛书）
ISBN 978-7-5191-0786-4

Ⅰ. ①选…　Ⅱ. ①黄…　Ⅲ. ①九年一贯制—学校教育—研究—中国　Ⅳ. ①G639. 22

中国版本图书馆 CIP 数据核字（2016）第 226534 号

九年一贯制学校办学创新探索丛书
选择与突破——区域九年一贯制学校办学创新探索
XUANZE YU TUPO——QUYU JIU NIAN YIGUANZHI XUEXIAO BANXUE CHUANGXIN TANSUO

出版发行	教育科学出版社		
社　　址	北京·朝阳区安慧北里安园甲 9 号	**市场部电话**	010-64989009
邮　　编	100101	**编辑部电话**	010-64989441
传　　真	010-64891796	**网　　址**	http://www.esph.com.cn
经　　销	各地新华书店		
制　　作	宗沅书装		
印　　刷	保定市中画美凯印刷有限公司		
开　　本	169毫米×239毫米　16开	**版　　次**	2016年10月第1版
印　　张	12.75	**印　　次**	2016年10月第1次印刷
字　　数	185千	**定　　价**	55.00元

本册编写人员

主　编：黄　伟

副主编：杨九诠　王许人　郑锦杭

编　委：黄　雄　莫弘明　唐西胜　李建飞
苏建强　曹纺平　王盛之　洪建斌
施环红　邵理云　李　青　张　南
翁学进　刘粉莉　余香明　鲍争志

序一

强健智库的实践翅膀

中国教育科学研究院院长、
教育部基础教育课程教材发展中心主任 | 田慧生

近年来，习近平总书记多次对智库建设做出重要批示，指出智库是国家软实力的重要组成部分，要高度重视中国特色新型智库建设。党的十八届三中全会通过的《中共中央关于全面深化改革若干重大问题的决定》明确提出，加强中国特色新型智库建设，建立健全决策咨询制度。这是在中共中央文件中首次提出“智库”的概念。在此背景下，加快推进中国特色新型教育智库建设，提升服务国家教育改革发展重大战略需求的能力和水平，是当前教育科研面临的一项重大的全局性、战略性任务。

中国教育科学研究院（简称中国教科院）发轫于1941年在延安成立的中央研究院中国教育研究室。在75年的发展历程中，中国教科院在党和国家的多项重大教育政策制定、重大改革中发挥了不可替代的智库作用。“智”从何来？仰观理论之天空，俯察实践之土壤，唯人参之，性灵所钟，而成其智。理论是大脑，引领研究正确前行；实践是翅膀，擎动研究飞向高远。于理论，中国教科院覆盖了教育研究的各个专业门类，理论成果多样而丰硕，且人才济济；于实践，则主要依靠科学多样的教育实验，这也是中国教科院一直以来所坚持的研究特色。

教育实验是促进教育决策科学化的重要前提。为更好地发挥服务决策、指导实践的职能，中国教科院与浙江省杭州市下城区人民政府（简称院区）于 2008 年 5 月共同建立了第一个教育综合改革实验区，开启了中国教科院与地方政府协同推进区域教育综合改革的探索和实验。目前，近 20 个实验区分布于东北老工业基地、京津冀协同发展战略区、长三角经济带、珠三角经济带、西部大开发核心地区等我国经济社会发展战略的重点区域，涵盖经济特区、沿海开放城市、内陆核心城市、经济技术开发区等区域经济发展类型，回应了《中共中央关于全面深化改革若干重大问题的决定》中提出的“必须更加注重改革的系统性、整体性、协同性”的新要求。各实验区在教育基础、发展定位和需求方面的差异性，为以服务国家教育决策为主旨的具有中国教科院特色的教育实验提供了丰富的样本。

中国教科院具有开展教育实验的优良传统，而建立教育综合改革实验区则是对传统的继承和创新。这种创新主要体现在三个方面：一是全局性。即服务于国家教育改革与发展全局。当前，我国正在全面深化教育领域综合改革，作为智库，必然要以教育实验为依托探索深化改革的机制、办法和路径。二是科学性。科学性是教育实验的根本，也是正确找出教育改革方向的关键依凭，更是能够引领实验区教育改革的核心力量。三是综合性。综合性体现在：纵向上，区域实验与学校实验相结合，通过中观的区域实验和微观的学校实验推动国家教育改革这个宏观的实验；横向上，政治、经济、社会、教育、科研五位一体，使教育实验具有较强的系统性和综合性，继而实现教育实验结果与教育政策的“即插即用”。

杭州市下城区是中国教科院开展教育综合改革实验的种子区，也是代表区。下城区地处改革开放前沿的长三角经济带的核心区域，城镇化、国际化、信息化使该地区产生了教育新需求，这是下城区域教育实验样本的独特性所在。针对这个独特性，院区合作的重点和努力方向是推进下城教育高位均衡发展，并以此作为深化区域教育综合改革的旨归。经过第一轮 5 年的教育实验，下城教育基本实现了这一发展目标。在此基础上，聚合院内外专家与区域管理者的智慧，我们把第二轮实验的主题聚焦于“九年一贯制学校创新型办学”，并以此进一步提升高位均衡的内涵和质量。

当前，“教育均衡”和“核心素养”是我国教育改革的两大重要主题。教育均衡是为每个学生提供满足其教育需要的高质量的教育。九年一贯制由于学制的特殊性，便于衔接，理应成为国家推进教育均衡的重要战略选择。但是从目前的实践来看，对于如何通过充分发挥教学衔接、管理衔接、教研衔接等一贯制的办学优势来实现高质量的教育均衡，很多地区还处于摸索阶段。因此，找出提升九年一贯制学校办学质量的切实有效的办法，形成模式、理论，进而上升为政策，对推进教育均衡具有不言而喻的重要意义。

同时，提升核心素养要依靠课程改革的深化。《教育部关于全面深化课程改革落实立德树人根本任务的意见》要求“各级各类学校要从实际情况和学生特点出发，把核心素养和学业质量要求落实到各学科教学中”。把课程衔接作为九年一贯制学校创新型办学的核心，本质上就是通过语文、数学、英语、科学四大学科的课程改革来提升学生的核心素养。因此，以两大主题观照之，下城的教育实验无疑走在了国家教育改革的前列，也为区域教育改革发展提供了范例。

下城区在九年一贯制学校创新型办学实验中，无论是顶层设计、重点举措，还是突破点的选择，都是以大量的科学调查、分析和研究为基础的。此外，综合推进也是实验取得成功的重要经验。办学改革涉及多重复杂的关系，就区域教育内部而言，有教育行政与学校、教育行政与地方教研、地方教研与教师、教师与学生、学校与家长等方面的关系；就区域教育外部而言，则有教育部门与其他部门、区域教育与区域经济社会发展、区域内教育发展与区域外教育发展等方面的关系。这些关系错综复杂，相互制约，相互影响。下城区依据本土特点采用了上述推进方式，在区域教育内部，打造政、研、教一体化的下城特色体系，并充分利用实验区平台创新上下贯通、内外联动、条块结合的工作机制。在区域教育外部，一是多行政部门统一领导，协调配合办学改革；二是统筹资源，提高教育发展与经济社会发展的匹配度和适应性；三是多途径促进区域内外教育发展，包括利用实验区平台交流、学习、分享办学经验，以跨区域办学和城乡对口支援等方式延展办学的辐射效益等。

事实证明，下城区在九年一贯制学校创新型办学这一具有中国教科院特色的区域教育实验中取得了显著成效，课程建设得到了长足发展，高位均衡进一步提升，学校、学生、教师均受益匪浅。这套系列丛书就是下城区九年一贯制学校办学过程和办学成绩的分析与总结。下城的经验真切表明，教育综合改革实验是国家智库的重要动力源，是科学服务国家教育改革与发展的重要路径。近日，作为第七轮中美人文交流高层磋商的配套活动，由教育部主办、中国教科院承办的中美教育智库对话活动在北京成功召开。会上，下城区教育局党委书记、局长黄伟同志专门介绍了下城区教育改革的经验并邀请我为本书作序，我又恰在思虑提升教育智库之途径，可谓天地人和，顺势而为，颇具意义，欣为之序。

序二

向着更好转变

浙江省杭州市下城区
教育局党委书记、局长 | 黄 伟

九年一贯制办学，于我是一段很熟悉的经历，因为我与它有着两次重要的相遇。

我任职早，中师毕业后分配到杭州市安吉路小学，这是在当地闻名遐迩的省实验小学。学校自 20 世纪 50 年代创建后一直实施五年制，在 80 年代市区众多推行六年制小学中是独树一帜的。1990 年学校在全省率先推行九年一贯制，开展了小学与初中“五四”学制改革。这项改革，既是为了巩固五年制小学的办学成果，更重要的在于探索小学、初中一体化办学，促进学生全面发展。当年的学制改革是成功的，通过科学核定课时、合理调整学科结构、统合行政管理力量、开展序列化德育，学校走出了适合自身发展的路子，在学制改革方面创造了鲜活的经验，特别是连续几届毕业生综合素质全面、学业成绩突出，让业内、业外刮目相看。

也正是在这个 10 年，我从这所学校的一名教师辗转成了这所学校的校长。这期间学校的发展迎来了新的生长期，不仅学制改革有了更多配套性措施，还衍生创办了一所新的国有民办性质学校。作为继往开来，学校围绕实施素质教育，在一些重点领域做了新的架构与补充，包括以质量管理体系使学校日常管理运行标准化，以成功智力理论推动课程与教学转型，以关爱教育统整学校德育阶段性任务。好的教育需要提炼，好的教育需要深化，好的教育更需要不断地创生。基于这个判断，学校致力于探索九年一贯制融合性与针对性的相互统一。

又过了一个10年，在经历了几次岗位的变化与调整后，我回到杭州市下城区教育局任党委书记兼局长。此时，推进教育的均衡发展、实现教育公平，已成为全社会的基本共识。杭州以实施名校集团化的方式，扩大优质教育的覆盖率与受益面，实现了资源扩张、效益优化、教育公平三个层面价值的最优化。下城区九年一贯制学校的规模与数量在这一轮改革中不断发展壮大，由原先的1所学校发展到了6所，在校的学生数占到了全区学生数的36.1%；而且由原先嫁接优质名校办新校进一步裂变为新品牌，形成了更加丰富多元的办学方式。但一些新情况也伴随而生，一是城市化的步伐超过预期，资源供给的不充分使得上学难、上好学难问题没能得到彻底解决。二是社会阶层的分化、细化，家长不会因学区制的建立而满足于就近入学。公办不择校、择校到民办既是政策的疏导，更反映出一部分民众对子女的教育需求已超越公平均衡的价值需求。三是九年一贯制学校虽然具有生源与学制稳定的优势，但无法在小升初阶段进行选择也给办学带来一定冲击。

工作中面临的难题，往往成为研究实践最好的课题。下城区人民政府与中国教育科学研究院达成教育综合改革实验区第二轮合作，将“九年一贯制学校创新办学”列为重大课题，结合区域特质，发挥区域优势，将不同类型的九年一贯制学校形成协作共同体。在育人体系整合、中小学学科衔接、教师团队协同、特色资源共享、评价量质并举等方面形成多维度探索性实践。如果说当初安吉路实验学校率先推行九年一贯制是出于对“五四”学制改革的破冰，下城区将1所九年一贯制学校发展成为6所是为了优质教育资源充分共享、优质办学方式充分应用，那么，我们正在做的是九年一贯制学校的群落式发展，在同一群落中寻找规律性认识，进而实现差异性驱动，推动九年一贯制学校的内涵式发展，在目标定位、组织设计、制度建设、质量体系、资源开放、文化传输等方面打造同中存异、异中求同的升级版，更着眼于指向未来的转型发展，平衡区域教育资源的合理布局，在城市化进程中不断涌现的新学校建设中，植入九年制一体化联体式办学的经验，让“义务教育阶段免试就近入学，试行学区制和九年一贯对口招生”，不仅是政策性的引导与保障，更是增强老百姓对优质教育获得感的优先选择。

20世纪最著名的建筑大师勒·柯布西耶在他的《走向新建筑》中说过：“当人类动物穿上他的新铠甲，并且知道他应该做出什么样的努力时，他就会见到事态发生了转变，向着更好的方向转变。”[①]我们所处的时代，决定了教育的受关注度是空前的，教育发展也一样具有不确定性，选择是出于我们对方向的把握，而唯有突破才能更好地把握我们自己。

在书稿即将付梓之时，和大家共勉。

是为序。

① 柯布西耶. 走向新建筑 [M]. 杨至德，译. 南京：江苏科学技术出版社，2014：198.

目录

CONTENTS

绪论

区域教育的别样精彩

九年一贯制办学，指一所学校的小学部和初中部实施一体化教育，小学毕业后学生直升本校初中，小升初原则上不择校流动，以保持学生教育的连贯性。它实现了小学、初中联体办学，使九年义务教育成为一种连续、系统、整体的学制模式。《国务院关于深入推进义务教育均衡发展的意见》明确提出，“鼓励各地探索建立区域内小学和初中对口招生制度，让小学毕业生直接升入对口初中。支持初中与高中分设办学，推进九年一贯制学校建设”。十八届三中全会强调，“义务教育阶段免试就近入学，试行学区制和九年一贯对口招生”。九年一贯制办学追求教育均衡、优质、可持续发展，已经关系到当前和今后一个时期我国基础教育发展的整体战略。

本书以“选择和突破”为主旨，围绕区域在九年一贯制学校办学上的创新探索，试图回答九年一贯制学校办学优势的生成、九年一贯制学校办学样本的淬炼以及九年一贯制学校办学未来的成长等问题。其中，最为关注的是九年一贯制学校办学创新探索如何指向并推动区域教育均衡、优质、可持续地发展。

一、优势的生成

下城区九年一贯制学校办学的创新探索，经历了三个阶段的选择发展。第一阶段，20 世纪 90 年代初期，安吉路实验学校在全省率先推行九年一贯制办学，开展了“五四”学制的改革破冰。第二阶段，21 世纪初始，在杭州市实施名校集团化战略的进程中，下城区九年一贯制学校的规模与数量不断发展壮大，由原先 1 所学校发展到 6 所，开办数量和比例位列全省第一，在校的学生数占到了全区学生数的 36.1%，实现了优质教育资源的充分共享，以及优质办学方式的充分应用。第三阶段，自下城区人民政府与中国教育科学研究院达成教育综合改革实验区第二轮合作以来，下城区即将“九年一贯制学校创新型办学”列为合作的重大课题，推进九年一贯制学校的群落式发展。

2013 年 1 月及 2016 年 1 月两个阶段的调查研究，反映出区域九年一贯制学校办学在经过三个阶段的选择发展以后，已经成为区域教育的重要组成部分，并生成了特有的优势。

优势一，符合育人规律。调研表明，九年一贯制学校将小学和初中作为一个具有九个年级的整体校，可以在教育目标上进行统整，根据学生不同年龄段的生理、心理特点对学生的培养进行整体设计、分段实施，具有育人的连贯性，为学生的最优发展提供可能，符合育人的规律。

以德育工作为例。下城区 6 所九年一贯制学校，均建立了九年一贯的德育体系，取得了显著效果。问卷调查显示，学校领导普遍认为所在学校的德育工作体现了一贯制的特色和优势，班主任工作基本上做到了小初打通，有相互的借鉴和吸收，小学班主任“能够看到孩子长大后的情形，有成就感”，初中班主任对小学生的发展“了解情况”“注重衔接”。

以社团工作为例。九年一贯制学校在学生社团建设上，具有时间更长、成员更稳定、建设更系统的优势。因此，各学校都将学生社团建设与德育工作、学科教学、综合实践活动、课程资源开发、校本课程建设、校园文化建设紧密结合，九年一贯，整体设置，普遍取得了很好的成绩。学生从中不仅养成了一种兴趣，而且真正收获了一种可以伴随终身的特长。

优势二，实现资源共享。调研表明，九年一贯制学校实施中小学一体化管理、集中办学，可以形成管理合力，根据条件的需要优化配置教育资源，使其效益得到最大的发挥。在显性层面，可以实现教学楼、操场、体育馆、图书馆、各功能教室等硬件设备的共享，以及领导班子、师资队伍、课程、资料等的共享，降低了政府投入。在隐性层面，可以实现学校文化、办学思想、教育理念、管理方略的共享。

优势三，推动轻负高质。调研表明，九年一贯制学校在课程设置上更有弹性、更开放，在教师队伍建设上有更成体系的规划和成功实践，使得学生对课堂教学的满意度较高，课程学习难度感低，课业负担减轻，学习时间成本低，睡眠时间较充足，绝大部分学生每天都有 1 小时以上的体育活动时间，大部分学生对自己的学习效果满意，推动了教育教学的轻负高质。

以课程衔接为例。下城区九年一贯制学校在开足、开齐国家课程的基础上，积极通过校本课程、跨小初学习等方式主动进行课程衔接的探索，各学校均不同程度地开展了小初衔接工作，均有小初衔接做得富有成效的优势学科，均有校本课程的开发与开设。其中，校本课程建设、课程的一贯制设置、课堂教学改革，均成为每所学校的工作重心。

以教研为例。“跨”教研成了下城区九年一贯制学校教师专业发展的最大亮点，包括跨小初、跨年级、跨学科校本教研。问卷显示，“跨”教研是课程衔接的充分条件，有利于统筹课程建设，有利于提高教学效率，有利于提升教学效果。各学校在跨年级教研方面，都有相应的制度并做出了积极有效的探索，半数以上的教师均不同程度地参与了“跨”教研活动。

优势四，形成家长合力。调研表明，九年一贯制学校家长委员会（简称家委会）建设更稳定持久，家校沟通时间更长，在办学和管理方面都发挥了很大作用。问卷显示，学校基本做到了学校教育、社会（社区）教育、家庭教育的融通互动，均有较为健全的家长委员会制度，家委会对学生学业、德育成长发挥了作用，对学校教育资源的开发、学校管理方式的转变、办学质量的提高，对家校沟通、化解矛盾、形成办学凝聚力都发挥了作用。教师反映，家委会是“班级工作参与者、商量者”，家委会“参与各种活动，起到纽带作用”，“家长的力量不可忽视”。

优势五，惠及社会民生。调研表明，九年一贯制学校相继完成一年级至九年级的教育，学生在小学毕业后直接进入初中就读，不用转学、择校，不存在选拔、推优等环节，能够根本性地缓解小升初择校的难题。由此，有利于消除家长小升初择校的焦虑，也在一定程度上降低家庭投入；同时，有利于延缓学生的过早竞争，使得竞争后移、弱化，有利于让学生的学习回到教育的本质上来，是对社会民生的切实惠及。

以上的陈述，体现了本书的研究站位于过去和现在，既关注了区域九年一贯制学校办学创新探索的源起，也聚焦了它的发展过程；它意图勾勒区域九年一贯制学校办学创新探索的整体轮廓，也意图用全景和发展的眼光，对九年一贯制学校办学创新探索所能生成的优势进行归纳。

二、样本的淬炼

多元多样办学，是下城区九年一贯制学校办学的基本样态。目前，下城区有安吉路实验学校、景成实验学校、大成岳家湾实验学校、大成实验学校、胜蓝实验学校、明珠实验学校6所九年一贯制学校，各学校都科学构建九年一贯制学校治理体系，在实践发展中各有侧重，各具特色，淬炼成了区域九年一贯制学校办学创新探索的不同样本，实现了突破，为区域教育整体的均衡、优质、可持续发展做了奠基、发酵和催化。

样本一，安吉路实验学校。

布局：一校三部，一、二年级在戒坛校部，三至五年级在武林校部，六至九年级在安吉校部，三个校部相隔较近。

侧重：构建具有九年一贯制特色的德育体系。

特色：一是确立了整体性、阶段性、连贯性的德育目标。整体性指在德育目标的制定中，始终遵循整体性、统一性的原则，明确各阶段应该选择设计恰当合理的教育管理方式，切实解决中小学德育目标衔接问题，保障义务教育各阶段育人的主体功效。阶段性指各学段各校部的德育目标体现年段上的全程性、空间上的全面性，循序渐进，适当重复，螺旋上升。连贯性指尤其重视“中小衔接”“低中衔接”“中高衔接”，使学生在德育方面受到连续不断的系统一体化培养，促使学生全面发展、自主发展和个性发展。二是科学分布了九年一贯德育内容。戒坛校部要求扎扎实实做好学生常规教育；武林校部主要做好学生的生存交往等能力的培养，逐步培养学生的公民意识；安吉校部为向高一级学校输送优秀人才，重点做好理想教育、强化公民意识的教育，其中，以仪式教育、自主管理、专项教育、家校共同体建设为主要内容。三是全面开发了壮大德育队伍、创建和谐氛围、丰富德育形式、完善评价体系等九年一贯德育策略。

样本二，景成实验学校。

布局：一校一部，一至四年级在一栋教学楼，五至九年级在另一栋教学楼，学校面积大。

侧重：建设教师共同体。

特色：一是制度保障，建立了适合共同体的管理制度，形成“九年一贯、学段主管、目标整合、年级责任”的管理模式。二是资源共享，打破中小学教师配备界限，贯通年级竞聘教研组长，成立了中小衔接课题研究组。三是搭建平台，形成相互促进的成长氛围，除了年级组、教研组层面的学习共同体，还有跨年段、跨学科的师徒结对共同体和“种子教师”学习共同体。

样本三：大成岳家湾实验学校。

布局：一校一部，六至九年级学生在同一教学楼，校园面积较小。

侧重：打造国际化“121”课程体系。

特色：一是定位国际化视野。学校每届毕业生中约有 15% 的学生参加国内高中国际班或 AP 班的考试并被录取，有的直接参加国外的高中考试。学校顺应时代和自身发展要求，提出了现代化、国际化、个性化的办学愿景，发挥一贯制优势，以“121”课程为抓手，通过提供多样化的教育选择，从内涵上提升学校办学的国际化水平。二是实施“121”课程。课程建设以适合、持续、选择、生成为建设原则，以培养学生成为“做人有原则，学习有能力，生活有情趣，发展有主见”的新时代学子为价值导向，形成纵向上 1 年预备期、2 年发展期和 1 年自主期三阶段，横向上基础课程、拓展课程和个性课程的多维课程体系，具体以课题研究为主导、以精品课程为示范、以校本研训为抓手、以选课走班为机制的课程实施体系。

样本四，大成实验学校。

布局：一校一部，一至九年级在同一教学楼，校园面积较大。

侧重：发展智慧教育。

特色：一是以“互联网 + 教育”为策略，突破传统时空限制，对九年一贯制教育教学进行统整规划，着力打造层次递进的校本德育、无缝衔接的创智课程、灵动高效的智慧课堂。二是构建涵盖中小学各科学习领域的创智课程群，形成一个完整、自然衔接、立体、多样、开放、包容的教育体系。三是开发了集教学智能化、学习个性化、评价科学化、管理数字化于一体的“基于数字化教学案的智慧课堂互动教学系统”，积极推进基于技术支持和网络资源的新型教学模式，创设智能化、个性化的开放性学习环境，依据平台数据挖掘与学习分析技术，线上线下学习有机结合。四是发挥九年一贯制优势，以“研磨互磋、优势互补”为行动宗旨，组建教师教研联合体，创新中小学联动互通教研机制，寻找跨越教育教学断层的途径，实现教育资源、信息、经验、方法的顺畅交流和有效整合，促进教育教学无痕对接。

样本五：胜蓝实验学校。

布局：一校三部，一至五年级在东新园校部和阳光校部，六至九年级在长浜校部，三个校部相隔较近。

侧重：实施基于网络的“1+X”教学。

特色：一是在内涵上，“1”指学生，“X”指在网络环境中多维度交互的对象，“+”指计算机网络媒介，“1+X”即对传统多媒体教学模式的一种拓展、补充和发展，同时也为初小课程衔接、学生学习方式的转变提供一贯、连续的学习时空。二是在策略上，课内学习策略重各年级课程内容的有效整合，重数字化资源和学科的融合；课外学习策略主要采用建立基于网络的学习社团、基于生活实际的课外项目以及学习成果的展示与交流来增强学生学业的趣味性和成就感，从而唤醒教师主动适应大数据背景下的教学变革，推动课堂教学与信息技术的高度融合，提升学校整体的信息化水平，同时转变教学方式，提高教学效能，培养了学习型、研究型的教师团队，也提升了学生主动学习和探究、合作以及多元、综合解决问题的能力。

样本六：明珠实验学校。

布局：一校三部，一至五年级在石桥校部，六年级在甘长校部，七至九年级在杭氧校部，三个校部相隔较远。

侧重：实施容融教育。

特色：一是在内涵上，容融教育从学校主要服务外来务工人员子女入学的实际出发，要做到“容”，即一个都不能少，零拒绝，旨在让外来务工人员子女有更多的机会被容纳在普通教育体系之内；还要做到“融”，即每个都学好，通过创造最少限制的环境，为外来务工人员子女提供适合其特点和需要的教育，为今后全方位融入社会奠定基础。二是在策略上，利用九年一贯制办学的时间优势，合理统筹，有序、合理地推进各项教育教学工作，使得中小教育更好地衔接、融合；同时，通过以型塑形的教育，将城市文明生活的需要内化为学生的自我需求，促进学生更加自信、快速地融入城市；另外，采用分层教学，提出“职业规划未来，技能立足社会”的办学追求，将职业教育前置到义务教育阶段，探索义务教育与职业教育的衔接研究，提高学生的城市生存能力。

以上样本的提取，是本书研究的重要议题，反映了区域九年一贯制学校办学创新探索带来的办学价值观和具体教育活动的变革，反映了九年一贯制学校关注的生命观、多样性、协同性、自主性、高位均衡、轻负高质、教育公平等教育的应有之义。它一方面让我们洞见了区域九年一贯制学校办学发展的意愿及突破，另一方面也提供了可以帮助我们理解和解释更广泛教育世界的参照。

三、未来的成长

首先，本书的研究谨守理智。

其一，本书在归纳优势和提取样本的基础上，也解构了九年一贯制学校课程衔接研究的机制和路径，对课程衔接研究的规律加以探求，强调了课程衔接是九年一贯制学校办学实现的核心。它提醒我们，任何教育改革的实现，最终都必须以学生和课堂为一切教育的最终端，回到教学的原点上来。

其二，本书的研究也关注到九年一贯制学校办学的局限，如管理难度大、理论支撑少、缺乏布局的前置、具有一定的封闭性等。它提醒我们，九年一贯制学校办学尚有拘囿，但是我们对它已经有了觉醒。

其三，本书关注的重心并不在于九年一贯制学校办学意图追求的各种观念和意识形态，而是关注这些观念和意识形态是如何嵌入到办学的实际中的，它是实证的。它提醒我们，教育工作者在日常的教育教学行为中，在践行变革的思想或赋予旧有的教育教学行为以新的意义的时候，很少会意识到自己就是教育改革的担负者，就像很多九年一贯制学校办学的参与者并没有意识到自己就在承载着教育变革的角色一样。而本书的研究，是对这种角色做出了识别。

同时，本书的研究指向前瞻。

其一，本书的研究指向社会公平。教育其实是一根杠杆，它以育人为支点，可以撬动起社会公平的宏大命题，并引起社会全局的连锁反应，具有强大的乘数效应。因而，教育公平是社会最基本、最重要的公平。研究可见，九年一贯制学校办学主张让更多的人接受更好的教育，让更多的人实现人生起点的公平，它观照人的权利、发展、机会、选择、可能、希望，它的价值取向就是要让不同的群体都对教育公平充满预期和信心，它的发展意义就是可以生成教育对于社会公平的乘数效应。

其二，本书的研究指向教育增值。教育增值指一定时期学校教育对学生成长和发展所带来的积极影响，或一定时期内学校教育活动对学生增加的价值。其基本假设是，学生入学时的水平与毕业时的水平的差异，或学生在校期间的变化情况，可以归因于学校，而学生变化的幅度，即教育增值的大小，可以看作是学校、培养计划、课程和教师的教育成就。研究可见，九年一贯制学校办学能把家门口入学的普通学生培养成优秀的毕业生。其增值水平，为学生和家长理智地择校提供了更多的依据和理性的指引。

其三，本书的研究指向多元办学。按照一般规律，仅一种办学模式不能完全普适，不能满足于实施全纳教育、缩小绝对差距、消除边缘化的教育需求，不能实现优质教育人人普惠的教育目标追求。研究可见，九年一贯制学校办学其实是在以“承认差异、尊重差异”为原则，自觉地挑战、改革、补充、创新现行教育及其办学模式，能够为教育的多元发展带来新的希望，也能够让我们意识到对于教育原来忽视的部分，从而为教育行动开辟新的可能。

基于以上理智和前瞻，本书认为，在未来，区域九年一贯制学校办学创新探索，会在优化顶层设计、科学前置办学格局、均衡生源配置、均衡师资配置、均衡校际发展、改革学制、建立联盟、创新家委会、突出课程衔接优势、制定科学评价体系、深化理论研究等方面寻求到新的成长点。总之，本书希望传达这样一种见地：九年一贯制学校它不一定是办学发展的必然趋势，但必然是办学管理形式的一种存在，它将用自己的教育价值观培育起甚至引领起一个社会群体。因而，无论是在遵循传统试图办成更满意的教育的这一方面，还是在力求革新努力营建更美好的教育世界另一方面，它都有举足轻重的价值。

“在所有时代，一开始人们都会怀疑，都会有站出来大胆说话的，但正是希望鞭策着战士们飞速前进，勇往直前。”[①] 九年一贯制更像一个动词，它不只是我们所拥有的，更是我们所要去作为的，它是教育均衡、优质、可持续的一种希望。我们相信，只要勇往直前，我们终将能够赢得区域教育的别样精彩。

① 威特．社会学的邀请 [M]．林聚任，译．北京：北京大学出版社，2008：326.

上篇 创新办学

第一章　优势与对策：基于第一阶段调研

调查研究是创新科学和改革有效的基础，是理论实践化的保障，也是实践理论化的检验标准。九年一贯制学校创新型办学这一区域性教育改革重视调查研究，并将调查研究作为办学改革的基础工作之一。

调查研究分为两个阶段，第一阶段是事前调研，第二阶段是总结调研。第一阶段的调研通过问卷调查、访谈研究和材料研究，获得了大量翔实的资料和数据，基本摸清了下城区九年一贯制学校的发展情况和问题，也为开展九年一贯制学校改革发展的理论与实践研究以及进一步加强九年一贯制学校办学奠定了基础。第一阶段调研工作的结束是下城教育综合改革实验的新起点，有助于学校找到各自发展的优势区、期望区和发展区，有利于形成各有所长、均衡发展的九年一贯制学校新局面。

一、优势：已有成就

九年一贯制学校是杭州市下城区教育的重要组成部分，经过多年建设，下城区九年一贯制学校取得了诸多成就，也积累了很多经验，为进一步推进下城区九年一贯制学校改革发展奠定了良好的基础。

（一）初步形成高位均衡

下城教育高位均衡既包括优质教育机会的高位均等，也包括教育质量的高位均衡。教育机会高位均等是指下城区九年一贯制学校努力施行优质的全纳教育，为每一个孩子提供良好的受教育机会。教育质量高位均衡是指下城区九年一贯制学校教育质量整体达到轻负高质的水平。

1. 全面实现全纳教育

下城区九年一贯制学校的受教育者类型最多。在外来务工人员子女方面，全区九年一贯制学校 2013 年共接纳外来务工人员子女 6461 人。在特殊儿童方面，健康实验学校 100% 接收了具有下城区户口或父母持有下城区暂住证的常住人口中 6~9 周岁智障儿童，只要家长愿意送，学校必接收。可以说，九年一贯制学校在全纳教育方面做出了重要贡献，基本解决了“有学上”的问题。

2. 基本达到均衡高质

“高位均衡，轻负高质”，是下城教育发展的核心理念，在解决“有学上”的同时，下城区九年一贯制学校进一步追求“上好学”。从整体上看，下城区九年一贯制学校的教学效果明显，课堂教学满意度较高，课程学习难度低，大部分学生对自己的学习效果满意；课业负担减轻，学生睡眠时间较为充足，绝大部分学生每天都有 1 小时以上的体育活动时间，大部分学生养成了主动学习的习惯；学生特长得到了发展，文体活动丰富，基本每人都有特长或兴趣爱好。

同时，下城区努力推动九年一贯制学校均衡发展，各学校在轻负高质上均做出了从本校实际出发的一系列富有成效的工作，实招、新招、妙招精彩纷呈，形成了各具特色的高质教育。安吉路实验学校轻负高质的“三驾马车”统领下的“四合一”工作思路；大成实验学校基于信息化的教学案探索与实践以及致力于“五个意识”的校本研训制度的实施；大成岳家湾实验学校在教学常规管理上的“十字”方针；胜蓝实验学校备课组活动的“三定”“四备”“五统一”，以及课堂教学的“一学、二议、三指导”的模式和“四个一点”要求；景成实验学校培优育特、增效提质的“规范 + 特色 + 创新”发展模式的探索；明珠实验学校按课程功能的二元化、课程水平的多层次、课程组织的多样化、学习能力和需求的差异性等基本要素，架构由基础学科课程和拓展课程组成的学校课程体系及与职业教育课程衔接的不懈努力；健康实验学校的“自我人—家庭人—社会人”教育……都是下城区教育积极推进轻负高质、全面实施素质教育的重要成果，值得进一步完善、深化、总结、提炼、宣传、推广。

（二）课程衔接较有成效

课程衔接是九年一贯制学校的核心优势。下城区九年一贯制学校在基本开齐开足国家课程的基础上，积极通过校本课程、跨小初学习等方式主动进行课程衔接的探索。各学校均不同程度地开展了小初衔接工作，各学校均有小初衔接做得富有成效的优势学科；各学校均有校本课程的开发、开设，有些学校已经形成结构、形成体系、形成规模；学科教师小初集体教研、研讨工作业已开展。从各学校报送的三年规划和学年工作总结看，“轻负高质”“课程改革”“校本课程”“一贯制”都是文本的关键词；校本课程建设、课程的一贯制设置、课堂教学改革，均成为每所学校的工作重心。尤其是安吉路实验学校，已经在“五四制”上走出了一条成功的路子。“五四”学制的选择，为安吉路实验学校九年一贯制改革发展提供了基础性的制度保障。

在现有的课程体系下，校本课程是解决课程衔接的重要方式。大部分校长和教师认可校本课程的开发和开设，体现在三方面：一是校本课程开发和开设的状况好；二是参与学校校本课程的开发和开设的意愿高；三是参与小初课程教学衔接改革的意愿高。

学校已经安排学生参加跨小初的活动或学习，问卷分析显示，5 年级和其他所有年级两两相比都有显著性差异，6、7、8、9 年级之间两两相比没有显著差异；且 5 年级参与跨班的活动或学习的程度显著高于其他年级。这说明，大部分学校的课程衔接始于 5 年级学生的学习，6 年级学生已经基本适应了初中阶段的学习。而且，大多数学校领导认可各自学校课程衔接工作的成效。

（三）教师队伍基本胜任

教师的教科研取得了一系列成果，各具亮点。各学校在教师队伍建设上都有了成体系、有质量、可操作的规划、方案和成功实践。安吉路实验学校，坚持研训教一体化，积极创建学习思考型校园，扎实开展课题式教研活动，开办“名师慧所”，促进教师高位均衡发展。大成岳家湾实验学校，以制度形式对教学反思活动进行规范，强化教学反思机制，促进人人课后开展教学反思。胜蓝实验学校，进一步做实、做强入格、升格、风格的“三格培养机制”。明珠实验学校，开展以“先学后教，以学定教”的课堂教学模式为主的课堂教学来改革校本教研。景成实验学校，建立“研学共同体”，从青年组到提升组，以课题研究加强教师队伍建设。大成实验学校“边实践，边培训，边总结，边提高”，通过“同课异构”“一课多研”等多种形式促进教师成长。

“跨”教研是下城区九年一贯制学校教师专业发展的最大亮点，包括跨小初、跨学科校本教研。“跨”教研对搞好课程衔接工作非常重要，是课程衔接的充分条件，有利于统筹课程建设，提高教学效率，提升教学效果。调研显示，各学校在跨年级教研方面，都有了相应的制度并做出了积极有效的探索，半数以上的教师不同程度地参与了跨年级教研活动。

调研还显示，九年一贯制学校的教师专业能力、敬业精神较强。首先，教师精神饱满、思想活跃、责任心强、积极向上、具有活力。对课程建设、课堂教学、学校发展积极建言献策，有想法、有办法，教师的敬业精神令人基本满意。其次，教师科研能力有所增强。学校领导较为认可教师的科研能力，部分教师认为自己的科研能力较强，部分教师表示具有开发、开设校本课程的能力。再次，教师专业水平获得认可。教师普遍认为自己能运用多种教学方法，所有受访的学科教师对教师专业水平的评价都是正面的，绝大部分学生也认可教师的教学。

（四）德育工作优势突出

下城区九年一贯制学校均建立了九年一贯的德育体系，并取得了显著效果，充分体现了九年一贯制学校的优势。问卷调查显示，学校领导普遍认为所在学校在德育工作（含少先队、共青团工作）上体现了一贯制的特色和优势。相关的问卷与访谈，尤其是将班主任作为专门对象的访谈，都较大程度地印证了这一点。对班主任的访谈显示，班主任工作基本上做到了小初打通，“有借鉴，有吸收”。小学班主任“能够看到孩子长大后的情形，有成就感”。初中班主任对小学生的发展“了解情况”，“注重（与小学）衔接”。普遍反映的九年一贯制学校的学生“封闭性”的问题，在下城区并不明显。有些教师和班主任认为，与小学、初中分设的学校相比，九年一贯制学校并不存在所谓“封闭性”的问题。

下城区九年一贯制学校从本校实际出发，在构建九年一贯德育体系方面，均做出了有特色、有价值、有成效的探索和实践，构成了下城教育一道亮丽的风景线。安吉路实验学校以“学会负责、学会做人”为宗旨，以培养“志向高远、情趣高雅、身心健康，具有国际视野、创新精神、实践能力，能主动适应和引领未来社会发展的现代公民”为目标，以“营造特色班级文化，强化自我管理，培育现代公民”的系列活动为载体，彰显学校“平实而震撼人心”的德育理念；以学生终身发展为目标，凸显学校“自信、感恩、责任”的德育主题，结合少先队和团校活动，深化践行自主管理模式，强化仪式教育特色，在推行学生议事制度的同时积极探索年级、班级管理新路，为不同年段的学生提供不同载体与形式的教育，全面构建了“平民本色，精英气质”的九年一贯德育体系。大成岳家湾实验学校坚持德育为先，构建多向度、多方向、多层次、多维度的德育模式，把德育贯穿于育人的各个环节，构建了多项德育体系，形成品行养成系统。大成实验学校初步建立了九年一贯德育链、“三自一主”德育模式和“三位一体”德育共同体，不断丰富、完善和实践“九年一贯、一年一心、循序渐进”的九年一贯德育体系。明珠实验学校在“叙事德育”“情感德育”模式的基础上，进一步了解学生的实际，按照九年一贯的结构，分阶段明确育人目标，并形成具体操作路径图，明确形式与载体，切实提高德育实效。胜蓝实验学校坚持“以德立校”，“德育导师制”与“集体及个人评优制度”取得了很好的成效。景成实验学校遵循“全程育人，全面育人，全员育人”的德育工作思路，初步构建了九年一贯流动德育体系。其通过师生结对帮扶形式，针对特困家庭的子女、困难家庭的单亲子女、学习有困难或心理有问题的孩子、行为有偏差的孩子开展的“扶苗计划”，特色鲜明，成效显著。

（五）学生社团成绩斐然

九年一贯制学校在学生社团建设方面，具有时间更长、成员更稳定、建设更系统的优势。各学校充分发挥了社团的独特优势，将学生社团建设与德育工作、学科教学、综合实践活动、课程资源开发、校本课程建设、校园文化建设紧密结合，九年一贯整体设置，普遍取得了很好的成绩。学生社团建设，不仅使学生特长得到发展、学生素质得到提高，而且在增强学校活力与营造和谐校园氛围方面发挥了独特而突出的作用，成为各学校文化建设、特色发展、品牌创建的重要组成部分。

下城区九年一贯制学校的学生社团丰富多样，教师积极参与。学生普遍认为学校的社团活动比较丰富，普遍喜欢参加学校的社团活动。学校领导普遍认为学生社团活动（含兴趣小组等）能够满足学生的需求。经常参与学生社团活动（含兴趣小组等）及学生综合实践活动的教师比例较高。

各校社团活动相当丰富，遍地开花。有些学校的社团，如大成岳家湾实验学校已经做到全员参与。景成实验学校拥有 20 多个社团，每个社团根据学生的特长，又成立了各种专项队；社团以“学生自愿为主，教师引导为辅”为原则，参与率达 100%；每个社团每年承办一个校园节日活动，学校每年的科技节、运动节、艺术节、文化节、英语节等都由社团主办；种子俱乐部、99 佳文学社、红景天等社团被评为全国优秀社团，学校因传统越剧项目被评为首批杭州市非物质文化遗产传承教学基地。安吉路实验学校的“一社”（浅草文学社）、“二团”（管乐团、合唱团）、“三化”（九年教育系列化、学校管理数字化、学生管理自主化）、“四队”（网球队、羽毛球队、武术队、篮球队），特色鲜明，成效明显，多次在全国和省市获奖。胜蓝实验学校的蓝精灵社团、射击俱乐部等项目，已经成为下城区、杭州市学校特色活动的“金名片”，“杭州市射击射箭运动中心胜蓝青少年活动中心第二课堂基地”落户胜蓝。

在下城区，学生社团建设与九年一贯制的体制已形成了相互促进、高度融合的良好态势。学生社团建设已成为下城区九年一贯制学校的富有影响力和美誉度的著名名牌，是下城区教育的优势特色，对实施素质教育、促进学生全面发展发挥着重要作用。

（六）家长委员会作用显著

九年一贯制学校家长委员会（以下简称家委会）建设更稳定持久，“家—校”沟通时间更长，在办学和教学管理两个方面都发挥了很大作用。家长委员会在学校管理、课程教学等方面发挥了作用。家长普遍认可家长委员会在学生发展和学校管理中的作用。

家委会在课程教学和教学管理上发挥着重要作用。教师们普遍反映，家委会“作用太大，依靠家委会，解决了后顾之忧”；家委会是“班级工作的参与者、商量者，家委会参与各种活动，起到纽带作用”，“家长的力量不可忽视”。校长也认识到家委会的作用，表示要进一步加强家委会工作的力度，促进学校—社区—家庭的融通，提高学校办学管理水平。各学校均有较为健全的家委会制度，并建立了班级、年级、学校三级家委会组织。调研显示，家委会对学生学业、德育方面发挥了作用；家委会对学校教育资源的开发，对学校管理方式的转变，对办学质量的提高，对“家—校”沟通、化解矛盾、形成办学的凝聚力，均发挥了重要作用。安吉路实验学校较好地发挥了家委会的桥梁作用、管理作用、助学作用、研究作用、监督作用和评估作用。大成岳家湾实验学校，创新家校合作方式，丰富合作内涵，走出了一条具有岳家湾特色的家校合作之路。胜蓝实验学校成立了家长代言人工作室、家长护校队，比较充分地发挥了家委会在教学、管理、安全等方面的作用。大成实验学校的家委会，参与学校三年规划调整，参与校服征订、菜单制订等，并每年举办一次为期一个半月的家长节，开展亲子活动、摄影书画展、智慧家长评选、家教论坛、大成家书书写等系列活动，引导家长和学校共担、共育、共和、共享，营造了融合的家教氛围。

（七）教育满意度较高

在不断探索九年一贯特色、不断发挥优势的实践中，下城区九年一贯制学校基本实现了学生满意、家长满意和教职工满意。

1. 学生基本满意

调查结果显示，学生普遍对所在学校满意，包括学校的特色和活力、师生关系、同学关系、教师教学、学习效果等方面。

学生满意度较高的外在表现为两方面。一是积极阳光，上进心强。大多数教师认为学生普遍很阳光、上进心很强、和学生关系融洽，多数家长认为孩子在学校的精神状态是积极阳光的。二是多数学生愿意继续就读现在的学校。7~9 年级学生普遍对继续在现在的学校读书感到满意，很少有学生向家长提出想要换学校。

2. 家长基本满意

家长对学校的教学质量和校风满意度高。家长普遍认为学校（教师、班主任）对孩子负责任，孩子在学校的精神状态积极阳光。超过 2/3 的 1~6 年级学生家长希望孩子继续在原学校读初中。7~8 年级家长也大多愿意让孩子 6 年级结束后继续在原学校读初中。

3. 教职工基本满意

教师对学校较为认可，并对学校未来抱有信心。大部分教师认为学校很有活力，特色明显，并表示对学校的发展前途有信心。学校领导普遍对学校改革发展的前景有信心。教师普遍认为与学生的关系融洽。通过访谈显示，教师的敬业程度较高、责任心强、富有团队精神。“教师的敬业程度较高”主要源自于“学校的大环境”“教师团队向上有为的积极状态”“良好的教学环境和氛围”“领导的示范和榜样”“师徒结对中师傅敬业认真的感染与带动”“教师的责任心”“教育的职业特征”。这也从一个侧面具体反映出学校健康、积极、向上的整体风貌。

二、对策：基于可发展区

第一次调研不仅发现了下城区九年一贯制教育的良好基础与本土优势，也凸显了内涵式发展亟待解决的问题。这些问题虽是优质均衡教育的掣肘，却也明确了下城区九年一贯教育的发展区。可以说，九年一贯制学校的创新变革，就是不断解决这些掣肘的过程。在已有成就和经验的基础上，针对问题和不足，下城区找到了深化办学改革的可发展区，并制定了具有区域特色的发展对策和发展路径。

（一）区域教育仍能更高位、更均衡

高位均衡是下城教育的发展理念，也是下城教育的整体优势所在。问卷、访谈、文本材料均显示，下城区九年一贯制学校的改革发展整体质量较高、办学方向正确、竞争优势明显、推进改革的愿望强劲，为下一阶段的深化改革、

提高质量打下了坚实的基础。然而，由于办学历史、学校沿革、学区性生源、政策性生源等方面的差异，下城区九年一贯制学校的高位均衡仍存在许多客观的困难和问题。从促进学生全面发展、全面实施素质教育、办好人民满意教育的要求看，全面提升的空间还很大，需要加强领导、加大投入、统筹协调、改革创新，不断发挥九年一贯制优势，从生源、经费、师资等方面着手，开创更高位、更均衡的下城区九年一贯制学校发展新局面。

1. 办学优势可更突出

明确九年一贯制学校的办学优势，是突出九年一贯制优势的基础。从调查来看，九年一贯制学校与初小分设学校相比，在教育资源共享、促进学生全面发展、提高学生中考成绩、巩固生源、学生管理、教师管理、德育等方面具有优势。因此，九年一贯制学校要在这些优势方面做足文章。

但是，大多数教师对九年一贯制学校在巩固生源方面的作用的认识没有学校领导到位。校领导应努力将九年一贯制学校办学理念传导给教师，帮助教师进一步明确办学优势。

2. 生源配置可更均衡

生源均衡是教育质量均衡的基础。就外来务工人员子女布局而言，2013年下城区九年一贯制学校生源结构处于不均衡状态。从数量上看，外来务工人员子女主要集中在明珠实验学校（3514 人）、胜蓝实验学校（1061 人）和大成实验学校（872 人），安吉路实验学校和景成实验学校各有 400 人左右，最少的大成岳家湾实验学校仅有 208 人。从比例上看，差异也很大，明珠实验学校达到了 100%，大成实验学校也很高（82.8%），胜蓝实验学校较高（42.9%），大成岳家湾实验学校（27.8%）和景成实验学校（24.2%）稍低，最低的是安吉路实验学校（17.5%）。

生源结构不均衡，对办学定位、生源管理、学生发展等方面都有负面影响，甚至会影响教师的工作积极性。对生源状况的调查显示，学校领导大多对本校生源状况不满意。不同学校的小学生家长愿意孩子在所在学校继续读初中的意愿整体上存在显著差异，安吉路实验学校的小学生家长的这种意愿最高，且差异显著；胜蓝实验学校的小学生家长的这种意愿最低，且差异显著。造成这种现象的原因与两校生源结构有密切联系，不同出身的学生差异较大，更容易引起家长的担忧。因此，必须尽快调整相应政策，以调整学生结构。

3. 经费供给可更充足

调研回访的过程中发现，经费不足是各校普遍提出的问题，也是制约学校发展的重要因素。从 2010—2012 年下城区九年一贯制学校投入情况看，各校经费投入情况差异比较大，还不能完全满足高位均衡的需要。投入最多的是安吉路实验学校，年均达到 3271 万元，最少的景成实验学校年均只有 1467 万元。经费是办高质量教育的保障，以优势比较突出的安吉路实验学校的年均经费作为办高质量学校所需经费的最低标准来看，大部分学校的缺口都比较大。事实上，安吉路实验学校的公用经费也不足。比较特殊的是健康实验学校，如果按照学校规模来看，年均投入 400 多万元似乎并不少，但是考虑到学生都是特殊儿童，医护条件、康复器材等方面对资金需求量巨大，实际上资金还是比较短缺的。

从 3 年的经费变化看，下城区九年一贯制学校的经费增长减缓，2011 年增长了 23.11%，而 2012 年仅增长了 3.26%。各校的经费增长情况也有所不同：景成实验学校、胜蓝实验学校和健康实验学校持续增长，而安吉路实验学校、大成实验学校和明珠实验学校都没能持续增长；相反，明珠实验学校持续减少，2011 年减少 13.47%，2012 年又减少 3.49%。

可见，无论是数量，还是增长幅度，都需要加大对九年一贯制学校的经费投入，提供更充足的经费保障。要针对九年一贯制学校的特色和实际制定政策，确保经费投入在基本保障的基础上进一步发展。

4. 师资配置可更合理

下城区九年一贯制学校师资具有明显的非均衡性。首先，教师职称结构不均衡，高、中级职称教师分布差异明显。不包括健康实验学校，高级职称教师的差异系数为 0.7697，中级职称教师的差异系数为 0.6889。安吉路实验学校和大成岳家湾实验学校的高级职称教师各有 39 人，占 6 所学校高级职称教师的比例最大，而最少的大成实验学校只有 1 人，仅占 0.8%。安吉路实验学校的中级职称教师占 6 所学校中级职称教师的比例也最大，为 29.4%。同时，安吉路实验学校的高、中级职称教师占本校教师比例也最大，为 83.1%，排在第二的大成岳家湾实验学校为 70.7%，最少的大成实验学校仅为 16%。

其次，星级教师分布更不均衡。星级教师是下城区依据教师优秀程度评定的荣誉，星级越高，教师越优秀。不包括健康实验学校，三星级教师差异系数为 0.9381，四星级教师差异系数为 0.8944，五星级教师差异系数达到了惊人的 2.0755。各校星级教师数量差异极为悬殊，6 所学校共 17 位五星级教师中有 16 位在安吉路实验学校，胜蓝实验学校三星级以上教师人数较多，有 13 人，而大成实验学校没有三星级以上教师。

教师流动缓慢是师资不均衡的因素之一。多数学校领导认为教师在区域内流动对学校发展利大于弊，教师专业水平（包括教学水平、科研能力和校本课程开发能力）与教师内部流动情况呈现显著、中度正相关关系。访谈中，教师也普遍认为流动有利于提升教师水平。然而，多数学校领导却不认为学校教师的内部流动情况良好。这说明，教师流动还有很大的改善空间，需要全力推动。

5. 校际均衡可更高位

下城区九年一贯制学校发展较不平衡，体现在三个方面。

首先，薄弱学校亟须发展。区域九年一贯制学校均衡发展的关键在于提高薄弱学校的办学质量。调查显示，对于下城区九年一贯制学校中相对薄弱的学校，需要结合自身优势来创新办学，实现弯道超车。

其次，安吉路实验学校的模范和统领作用有待发挥。为实现高位均衡，应发挥优质学校的模范带头作用，帮助其他学校达成优质。安吉路实验学校的各项调研满意度都相对较好，这符合其优质学校的定位。应充分发挥安吉路实验学校的领军作用，重新设计安吉路实验学校“区域内带头引领，区域外争先进位”的功能，尽快总结推广办学经验、共享教学资源、开展跨校研训的具体举措。

再次，各学校优势学科、优势领域的示范和带动作用发挥不够。在不同学校的领导看来，所在学校的优势学科存在校际差异。需要在此基础上加以梳理、评估，通过制度创新、机制设计来整合资源、释放优势、共同发展，促进各学校高位均衡发展。

（二）制度改革能更深化

制度是九年一贯制学校持续稳定发展的保障，制度的优劣直接影响九年一贯制学校办学改革的成败。应依靠制度的指导、约束、规范、激励，增强办学活力，发挥优势，共享资源，推动九年一贯制学校办学改革。

1. 改革学制

学制在教育改革发展中的地位极其重要。许多关键性的重大教育变革，都伴随着学制的完善、调整和改革。学制问题，包括对学校的性质、任务、入学条件、课程设置、学习年限的规定，反映了各级各类学校的结构及相互关系；同时，又为制订教育计划、课程标准、教材，乃至确定学校规模、布局等一系列重大问题提供依据。

合理划分学段是九年一贯制改革的基础，也是学制改革的核心工作。在学校划段这个问题上，家长、教师和学校领导之间具有某种共识，大多数家长、教师和领导都较为赞同 1~5 年级、6~9 年级，1~3 年级、4~6 年级、7~9 年级，1~6 年级、7~9 年级这三种划分方案。但仅就教育工作者（教师和学校领导）而言，赞同 1~5 年级、6~9 年级的更多。这说明，在九年一贯制学校中实行“五四制”是可行的。实行“五四制”在下城区已经有了一定的基础。安吉路实验学校已经在“五四制”上走出了一条成功的路子，“五四制”的选择，为安吉路实验学校九年一贯制改革发展提供了基础性的制度保障。其他各校也都在小初课程衔接上积极探索，积累了一定的经验。

2. 建立联盟

建立九年一贯制学校联盟是推动优质教育资源共享、扩大优质教育资源覆盖面、实施学区化管理的重要途径。建立学校联盟，可以发挥优质学校的辐射带动作用，推动教师共同研训，推进教育信息化建设，从而提高教师专业水平、教育资源利用水平、教育教学水平和特色化办学水平。

建立下城区九年一贯制学校联盟具有历史和现实两大基础，也是顺应趋势、满足实际需求的重要举措。下城区建立学校联盟有深厚的历史基础。自 2004 年实施名校集团化战略以来，集团化办学已经成为下城教育的重要特色，在理念、管理等方面积累了许多经验，为九年一贯制学校联盟夯实了基础。九年一贯制学校联盟，某种程度上是集团化办学的深化。此外，在全区九年一贯制学校办学的过程中，安吉路实验学校发挥了重要作用，在师资、办学资源等方面做出了重要贡献，很多学校都有它的“血缘”，这无疑有利于建立学校联盟。

现实基础表明，各个学校都有自己的优势所在。优势资源交换、交流，是联盟存在的基础和意义所在。各具优势，才能优势互补，才有互相合作的可能，才能使联盟内所有学校都得到提高。

教育均衡、学区建设以及九年一贯制学校建设已经成为我国教育发展的重要趋势。无论从国家政治、经济、教育政策或是地方教育实践来看，建立九年一贯制学校联盟都是顺势而为，也是时代使命，同时也是民意所在。从调研来看，处于优势地位的安吉路实验学校，其教学资源、课程资源和师资等是其他学校教师所渴求的，他们迫切希望共享这些资源。建立学校联盟无疑打通了资源共享的途径，有利于满足他们的需求。

3. 创新家委会

虽然家委会制度整体上发挥了较大作用，但从实际运作看，还有许多需要完善的地方。如，校际之间尚不均衡，特别是以外来务工人员子女为主的学校，其家委会难以发挥作用；个别访谈结果表明家委会介入太深也有麻烦，等等。这就需要我们进一步转变观念，解放思想，创新工作方式，积极发挥家委会沟通、服务、参与、管理作用，通过加强自身建设，互相信任，平等合作，真诚沟通，积极开展多种活动，扎扎实实地工作，讲求实效，使家庭教育与学校教育、社会教育紧密配合，切实发挥家委会在学校管理中的特殊作用。

（三）课程衔接还可创新

九年一贯制学校的特点和优势在于九年“一贯”。在这方面，各学校将“一贯制”作为学校发展谋篇布局的一条主线，并且都有了富有成效的实践。但总体来看，还处在“想法很好，办法不多”的阶段。课程衔接是实施“一贯制”的主体内容。要树立新的课程观、衔接观，要在办学与教学的结合中，在学生全面发展与个性发展的结合中，在国家课程与校本课程的结合中，做好课程衔接工作。要树立新的课程观、衔接观，合理划分学段，统筹规划适合本校学生的课程体系，要在跨年级、跨进度、跨学科、个别化教学、课程选择、开发与配置校本资源和社区资源等方面，选择重点，打开局面。

1. 合理安排课程难度

目前，课程衔接的顾虑在于教学内容下移是否会增加学生学习的难度，进而影响学习效果。问卷显示，在学生看来，课堂学习内容难度的高低、参加课外补习的多少和学习效果满意度呈现显著负相关关系。然而调查也显示，课堂内容难度与学生跨年级学习、跨小初学习、教学内容跨年级调整等因素几乎不相关，也就是说，课程衔接并不会使学生感到课程难度增加。做好课程衔接工作的前提是做好整体课程规划，合理安排各年级的学习难度。如何在“难点”的布局上与“难度”的处理上做足、做好文章，是课程衔接需要解决的问题。

2. 开发、开设校本课程

校本课程的开发、开设，是九年一贯制学校课程衔接工作的重要途径。调研显示，学校教育质量和学校校本课程开发与开设、课程衔接、课程规划情况呈现显著中度正相关关系。学校校本课程开发与开设、课程衔接、课程规划的状况越好，学校教育质量越高。大部分受访的学科教师认为，围绕课程衔接进行的校本课程开发、开设不多。因此，需要围绕课程衔接来加强校本课程的开发和开设，通过国家课程校本化、校本课程特色化，切实做好课程衔接工作。

3. 增加跨小初教研活动

在教师看来，所在学校举行跨小初的教研活动、教师愿意参与小初课程教学衔接改革，与学校小初课程衔接好坏的程度呈现显著的中度正相关关系。举办跨小初的教研活动越多，教师参与小初课程教学衔接改革的意愿越高，小初衔接的程度就越好。有一定数量的教师表示，小学部教师和初中部教师从未在一起进行过教研活动，这明显不利于课程衔接，应尽快增加跨小初教研活动。围绕课程衔接，大量增加跨小初、跨年级的教研活动，打破中小学教师的绝对界限，推动教师内部流动。学校可考虑开展多种小学教师和初中教师共同参与的教研活动，既能加强小学教师和初中教师的交流，同时也有利于小学和初中之间的衔接。有些学校已经实行跨年级授课的方法，值得研究和重视。

4. 解决课程建设问题

调查显示，教师在校本课程开发、开设方面的主要困难依次是教师教学任务过重、缺乏开发课程的培训、学校课时安排困难、经费不足、课程资源不足、教师水平不够、家长态度不积极、学校重视程度不够等；在小初课程衔接方面遇到的主要困难依次是分开规定小学和初中的教材、上级部门分开检测小学和初中的教育质量、缺乏课程衔接的培训、小学和初中分开进行管理、学校缺乏课程衔接的规划、教师在课程衔接方面的课程开发能力不足、缺乏经费保障等。因此，有必要针对上述问题进行综合改革，以保障课程衔接工作稳步进行。

（四）教师队伍素质仍需提升

学校发展，课程改革，教师是关键。下城区九年一贯制学校教师的总体水平，尤其是敬业精神总体是很强的，为进一步加强教师队伍建设提供了可贵的素质资源。然而，教师在教学效果、教学方法、科研能力、校本课程开发能力、课程改革意愿等方面的校际差异比较明显，需要建设更优秀的教师队伍。

1. 专业水平需提升

学校教育质量和教师专业水平关系密切，教师专业水平越高，则学校教育质量越高。学生对教师教学效果的满意程度和教学方法多样化程度呈现显著正相关关系，而与学校布置的课后作业多少呈现显著负相关关系。教师的教学方法越多样，学生对教学效果的满意度就越高。调研显示，不少教师对班级学习成绩后 1/3 的学生，常常感到办法不多，这说明教师的专业水平还需要进一步提升。教师专业水平的高低和参与教研活动的程度呈现显著中度正相关关系，因此应当提高教师参与教研活动的程度。

2. 教师编制需增加

教师编制不足是下城区九年一贯制学校教师队伍建设的共性问题，也是难点问题。2013 年 7 所学校全部缺编，缺编最严重的是胜蓝实验学校，缺编

39 人，缺编比例达 19.2%；安吉路实验学校也很严重，缺编 22 人，缺编比例为 11.5%；景成实验学校也较为严重，缺编 11 人，缺编比例为 8.8%。编制不足，在实质上造成了同工不同待遇，极大地挫伤了非编教师的积极性，不利于义务教育整体质量的提高。因此，增加编制供给、优化编制结构、打破编制局限，是促进区域义务教育均衡发展的途径，也是各校得以快速、持续发展的基石。解决编制问题，要按需设岗，提高编制的科学性，实行动态编制核定，清理在编不在岗人员。应对非编教师设立专项基金，在待遇和职称评定等方面确保地位平等。从组织管理上，要增加教育部门话语权，确保总体编制向教育部门倾斜。

3. 科研能力需提高

学校教育质量和教师科研能力密切相关，科研能力越强，学校教育质量越高。教师科研能力与教师开发、开设校本课程能力呈现显著正相关关系，这两种能力与所在学校的校本课程开发、开设状况呈现显著正相关关系。认为自己的科研能力较强和表示具有开发、开设校本课程的能力的教师不足半数，这对学校教育质量的提高形成较大限制。因此，必须通过多种手段进一步提升教师的科研能力和校本课程开发、开设能力。调研还发现，25 岁以下的教师愿意参与小初课程教学衔接改革的意愿和参与学校校本课程开发、开设的意愿比其他年龄组高，且差异明显，因而应当充分发挥青年教师在课程衔接和校本课程开发、开设工作中的积极性，支持和引导青年教师在工作实践中不断提升科研能力。

4. 学历结构需优化

从学历层次看，研究生及以上学历教师的科研能力较强，具有较强的开发、开设校本课程的能力，能够有力促进校本课程的开发、开设，提升课程衔接水平。下城区九年一贯制学校教师学历结构中，主要以本科学历为主，研究生学历教师只占 4.07%，高学历教师明显不足。下一步应当优化教师结构，增加研究生以上学历教师人数。一是大力引进高学历教师，二是提升区内教师学历进修的支持力度。同时，不仅要优化教师学历结构，更要发挥出高学历教师的人力资源优势，创造条件，促使他们积极投入到教育教学的创新实践中去。

5. 职业幸福度需增强

教师职业幸福度对教师敬业程度和教学态度有重要影响，继而影响教育质量和教学效果。在学校领导看来，学校教育质量和教师敬业程度呈显著、中度正相关关系。教师敬业程度越高，则学校教育质量越高。学生对教师教学效果的满意程度和教师的教学态度呈显著正相关关系，教师的教学态度越积极主动，学生对教学效果的满意度就越高。

从调研结果看，应从两方面增强教师职业幸福度。一是促进行政管理与教师之间的融洽度。学校行政与教师之间的融洽程度同教育质量之间呈显著中度正相关关系，两者越融洽，教育质量越高。二是消除教师职业倦怠。引起职业倦怠的主要原因不存在显著年龄差异，依次是待遇低、工作压力大、职称评定难度大、缺乏激励、没有成就感、工作条件差、工作枯燥、缺乏创造性、教师行业没有发展。应当重点从提高待遇、减轻工作压力、增加激励、增加成就感等方面消除教师的职业倦怠。

（五）评价体系需完善

九年一贯制学校与其他分设的小学、初中的办学目标、功能、方式有较大差异，需要有独立的评价体系。目前，我国尚未有专门的九年一贯制学校办学标准或评价体系。

九年一贯制学校办学标准处于缺失状态，现有的评价体系也没有考虑到差异性，造成特殊的办学体制与同一的办学标准相矛盾、特有的课程衔接改革与同一的课程评价体系相矛盾、教师工作独特性与教师评价统一性相矛盾，超过半数的教师对教师绩效管理考核制度不满意。现有的评价体系无法适应九年一贯制学校发展，甚至还可能掣肘其发展。

尤其是九年一贯制学校的课程衔接将带来分层教学、选修科目等弹性课程制，需要重构课程教学的时间与空间，局部性突破原有的班组和年级的管理模式。同时，由于办学历史、学校沿革、学区生源、政策性生源等方面存在的差异，下城区九年一贯制学校的校际差异较大。需要变革原有的督导评估和学业质量监测的方式，才能适应九年一贯制学校改革发展的要求。访谈中，所有的校长都对现行的一刀切的评价方式提出了质疑。分类管理、分类指导的新的评价方式的实行迫在眉睫，以真正使评价发挥促进改革、促进发展的作用。

（六）学校特色可更突出

学生社团、实践课堂是学校特色的重要组成部分，是下城区教育的突出优势、显著特色，对促进学生全面发展和个性化教育意义重大，与学校品牌关系紧密。个性化教育的一个重要表现是学生兴趣和特长得到发展。学校和班级的文体活动、社团活动以及校外活动的丰富程度可以影响学生兴趣爱好的发展程度。文体活动、社团活动越丰富，组织的校外活动越多，学生的兴趣爱好就越能得到充分发展。学校是否形成了具有自身特色的教育品牌，和学校的学生社团活动与实践课堂的开展情况也有较密切的关系。学生社团活动和实践课堂开展状况越好，学校越能形成独具特色的教育品牌。

社团建设一贯性是九年一贯制学校特色建设所具有的独特优势。整体上看，下城区九年一贯制学校的社团、实践课堂开展较好，但是也存在三个问题：一是随年级增加，对社团活动丰富的感受的均值曲线总体上呈 45 度直线型递减，导致 8、9 年级的学生在个人特长和兴趣爱好方面的发展情况明显比其他年级差；二是教师参与人数占全体教师的 62.1%，参与程度仍需提高；三是超过 60% 的家长认为孩子的特长和兴趣爱好在学校没有得到很好的发展。这说明社团建设一贯性的优势还有进一步发挥的空间。

因此，需要进一步加强学生文体活动和社团文化的建设，为学生提供更多的发展自身特长和兴趣爱好的机会和平台，强化社团活动和实践课堂的一贯性，保证高年级学生参与社团的实践，提高教师的参与度，开发、开设实践课堂，以促进学生个性化发展和推动独具特色的教育品牌的建设。

（七）信息化水平需提高

在教育领域广泛应用信息技术、开发教育资源、优化教育过程、提高教育质量和效益，是教育信息化的原始动力，也是推动教育的改革和发展、培养适应信息社会要求的创新人才以及促进教育现代化的基础和前提。

下城区九年一贯制学校信息化建设存在两大问题。一是信息化教育理念需要加强。虽然76.9%的学校领导认为基于九年一贯制的信息化管理系统健全，但是他们对信息化的理解更多在于硬件建设，信息化教育理念方面仍有局限。为此，学校应关注基础教育阶段教育技术的最新发展，提高校长和其他学校领导的技术领导力，并加大投入用于加强基于九年一贯制的信息化管理系统，提高整体办学、教学管理水平。二是校际信息化程度差异较大，存在明显的“贫富不均”现象。虽然学校对加强信息化建设非常重视，但运用教育信息化的能力明显不同。有些学校具备了一定的信息化基础，但仍有些学校的计算机等信息化基本设备比较缺乏。

因此，下城区九年一贯制学校信息化建设应进行区域整体规划，注重数据存储、数据集成、数据挖掘、数据利用，多、快、好、省地加强学校信息化建设；以先进的教育理念统领学校信息化建设，着眼于“九年一贯”，防止“荒腔走板”；加大对教职员工信息化的培训力度，培养教职员工的信息意识、信息能力。

第二章　创新与发展：基于第二阶段调研

第一阶段调研形成了《杭州市下城区九年一贯制学校调研报告》(以下简称《调研报告》)，找到了下城区九年一贯制学校的优势、问题和可发展区，发挥了科研引领和促进作用，为教育决策提供了重要参考。在此基础上，院区合作，协同创新，开展了有针对性的区域办学改革的科学实践。为检验效果、总结经验及进一步深化办学，院区协同开展了第二阶段调研，即总结性调研。总结性调研结果反映出，下城区九年一贯制学校办学质量得到切实提高。

一、实践：协同创新

九年一贯制学校办学改革是协同创新的区域教育改革。实践中，既要全面兼顾，又需找到重点，以点的突破拉动面的前进；既要通过政府顶层设计从上而下科学地推动，又要通过学校自主创造自下而上多样地探索。

（一）顶层设计，把稳改革之舵

《调研报告》发挥了科研引领和促进作用，为教育决策提供了重要参考。下城实验区以之为基础，进行科学的顶层设计。科学的顶层设计有三大特征：一是顶层决定性，顶层设计是自高端向低端展开的设计方法，核心理念与目标都源自顶层，因此顶层决定底层，高端决定低端；二是整体关联性，顶层设计强调设计对象内部要素之间围绕核心理念和顶层目标所形成的关联、匹配与有机衔接；三是实际可操作性，顶层设计便于实施，能够较快显现成效。

1. 坚持高位均衡

高位均衡，是下城教育的旗帜，也是下城区九年一贯制学校办学的核心目标。下城区九年一贯制学校的改革发展整体质量较高、办学方向正确、竞争优势明显、推进改革的愿望强劲，为下一阶段深化改革、提高质量打下了坚实的基础。在此基础上，下城区九年一贯制学校建设进一步定位于高位均衡，以此为核心，深化课程改革，调整招生政策，优化教师流动，强化安吉路实验学校的示范作用，加强薄弱学校建设，最大限度地实现生源均衡、师资均衡、校际发展均衡；通过制度创新、机制设计，整合资源，释放优势，共同发展，全面促进各学校高位均衡发展，开创更高位、更均衡的下城区九年一贯制学校发展新局面。

2. 系统全面协调

下城区九年一贯制学校办学包括课程、教师、制度、学校特色、教育信息化等维度。这些维度彼此交织、相互作用，任一维度发展滞后都会影响办学全局，只有全面促进各维度不断进步、协调发展，才能实现高位均衡的核心目标。全面促进各维度发展，既要有总体的政策设计，又要分别有重点措施。

（1）政策设计

为支持九年一贯制学校创新型办学，不断推进下城区教育内涵式、优质化、整体性发展，下城区制定了《杭州市下城区九年一贯制学校联盟建设指导意见》（以下简称《意见》）。该《意见》是九年一贯制学校办学的政策设计，对提高下城区整体教育质量和教育与区域协调发展具有重要意义。

下城区在科学分析区域经济社会发展和现实教育需求基础上，以人民满意为宗旨，根据下城区的教育实际，制定了《意见》初稿。《意见》初稿从总体要求、任务与内容、工作机制、保障机制四个方面对下城区九年一贯制学校联盟建设提出了具体的实施意见。

九年一贯制学校联盟以深化教育领域综合改革、努力办好人民满意的教育、突出和发挥九年一贯制学校办学优势为指导思想，以构建“共创、共享、共生、共荣”的新型九年一贯制学校协作体为主要目标，以同一性与多样化协调、开放性与本土化结合为原则，通过深化九年一贯制学校办学改革、推进联盟教育教学改革，努力构建既具有鲜明下城特色，又具有较强示范性和代表性的区域九年一贯制学校办学模式。

办学改革和课程教学改革是联盟的主要任务。办学制度、家委会联盟、课程衔接、教师队伍建设、特色教育、信息化建设和促进联盟与区域协调发展等方面的改革和创新是联盟建设的重点。

《意见》初稿提出了具有特色的工作机制和有针对性的保障措施。依靠建设联盟委员会来创新组织管理，并在工作方式上形成联席会议、任务推进和教研机制。同时，《意见》初稿还提出通过加强领导、建立健全评价考核激励机制和营造良好氛围等措施保障九年一贯制学校联盟建设。虽然联盟尚未完全建立，但是区域九年一贯制创新办学的诸多工作是按照《意见》的思想和要求逐步推进的。

（2）重点措施

下城区在推进九年一贯制学校办学过程中，在课程、教师、制度、学校特色、教育信息化等方面都有具体举措。

下城区大力加强教师队伍建设。一是提升教师的专业水平，提高教师参与教研活动的程度。二是从增加教师编制入手，优化结构，打破局囿，按需设岗，实行动态编制核定，在待遇和职称评定等方面确保非编教师的平等地位。从组织管理上，争取教育部门话语权，确保总体编制向教育部门倾斜，教育编制向九年一贯制学校倾斜。三是通过多种手段给教师的科研能力创造提升空间。四是“研—训—教”一体化，打通课堂与科研，深度融合课程衔接研究、区域教师发展与教学质量提升，不断创新研训体系。五是推动校内小初流动、校际流动、区际流动，发挥九年一贯制学校教师发展的特殊优势，并发挥其辐射作用。六是发挥青年教师积极性。七是优化教师学历结构，大力引进高学历教师，提升区内教师学历进修的支持力度，激发高学历教师潜力，促进校本课程开发、开设，提升课程衔接水平。八是提高教师职业幸福度，促进行政管理与教师之间的融洽度，从提高待遇、减轻工作压力、增加激励、增加成就感等方面消除教师的职业倦怠。

下城区关注基础教育阶段教育技术的最新发展，不断提升校长和其他学校领导的技术领导力和信息化教育理念，并加大投入用于加强基于课程衔接的信息化管理系统，提高教学管理水平。在学校信息化建设中，注重区域整体规划，注重数据存储、数据集成、数据挖掘、数据利用，多、快、好、省地加强学校信息化建设；着眼于“九年一贯”和“课程衔接”，不断以先进的教育理念统领学校信息化建设；持续加大对教职员工信息化的培训力度，培养教职员工应用信息化的能力。

努力构建九年一贯制学校办学创新的协同联动机制。教育综合改革的时代特征和要求决定了：只有依靠纵向联动与横向协调构成的立体工作体系，才能有效地推进九年一贯制学校的创新发展。纵向联动是指努力整合国家、省、市、区各级政府的力量，紧密结合上级政府工作与下城区教育发展，开放省、市、区九年一贯制学校办学信息和资源，创设良好的九年一贯制学校改革环境和条件，从而高效地提升九年一贯制学校办学水平。横向协调是指继续推进院区合作与校区合作[①]，进一步深化研政协同[②]和政府、学校、社会协同，有效整合人力、智力资源，以重大课题为纽带，围绕九年一贯制学校办学进行攻关，形成带有全局性、战略性、前瞻性、针对性的区域九年一贯制学校创新型办学的政策措施。

北部新建启正实验学校。该校是政府主导、引入社会活水、扩大九年一贯制教育资源的重要举措，也是调整与社会事业发展相协调的教育布局的重要途径。通过充分整合下城教育资源优势，利用与联合国教科文组织、中国教科院以及浙江大学的长期合作成果，共享优质教育资源，以“中国情怀、世界视野，追求卓越、成就梦想”为指向，以特设课程、主题活动、学科渗透为教育主要模块，以整合课程资源、强化外语特色、拓宽交流渠道为主要办学策略，形成一套有中国特色、时代气息、面向未来的教学体系，以特有的办学形式和办学优势创建国内领先、国际水准的“开放性、内涵式、可持续”的现代新型学校。通过名牌学校扩张，大幅提高学校辐射区内人民生活幸福指数，吸引广泛的社会资源，有助于为政府引进人才，推动产业结构转型，提升地区产业价值，降低成本，增加红利。

3. 核心：课程衔接

九年一贯制学校办学改革是系统性改革，深化改革需要设计好能够带动全局的突破口。课程是基础教育的核心，课程衔接是九年一贯制学校办学的特色

① 校区合作，是指学校与区域内社会各部门的协同合作。

② 研政协同，是指科研部门与政府部门相协同，以及教育研究与教育政策相协同。

和优势。课程衔接工作可以在转变办学理念、提高办学水平方面，在促进学校、教师、学生共同发展方面，在以人为本、全面实施素质教育方面发挥重要作用。

下城区九年一贯制学校课程衔接的总体设想有以下几个方面：一是合理安排课程难度，做好整体课程规划，合理安排各年级的学习难度，在“难点”的布局上与“难度”的处理上做足、做好文章。二是围绕课程衔接，促进国家课程校本化实施，加强校本课程的开发和开设。三是围绕课程衔接，大量增加跨小初、跨年级的教研活动，打破中小学教师的界限，推动教师内部流动，以增强教师参与小初课程教学衔接改革的意愿和积极性，进而增加学校小初课程衔接的有效性。四是减少课程建设的障碍，通过增强课程开发和课程衔接培训、合理安排课时、增加经费、开发课程资源、创新教育质量监测和变革管理方式等综合改革，大力保障课程衔接工作稳步进行。

在课程衔接项目开展的过程中，对院区合作的深化也做了相应设计。院专家全位高位指导，不断引领课堂衔接科学前行；区行政领导支撑，持续跟进，保障课堂衔接有效推进。通过课程衔接研究，下城区的教研员和教师不断从学科角度对项目研究与实践的基本认识、研究现状、具体教学实际、衔接内容及依据、初步实施方案设计以及反思与疑问等方面进行思考，提出课程衔接的本土化认识。

（二）多元治理，多样办学之路

教育是社会发展的一部分，与社会事业发展是相互融汇、共同构成的关系。九年一贯制学校围绕课程衔接进行办学改革创新，需要考虑学生、学校、社会等主体的发展需求。由开放的公共管理与广泛的公众参与相结合的现代治理模式具有多元、民主、合作的特征，是办学改革创新的可行路径。

下城区按照依法治教的要求，科学构建九年一贯制学校治理体系。在计划、决策、执行、控制等管理流程中，明确政府、学校、社会组织以及教师、学生、家长等主体的权力责任关系，合理对教育规划、课程管理、教学管理、经费管理、人员管理、质量保障、督导评价等多项办学内容进行管理。

在下城区九年一贯制学校治理体系中，政府依然发挥主导作用，政府充当的是“元治理”的角色。下城区通过制定《杭州市下城区九年一贯制学校联盟建设指导意见》，确定教育发展方向、目标和标准，为多方主体参与管理提供共同的行动目标和行为准则。下城区进一步下放办学自主权，构建新型政校关系，推进政校分开、管办分离，使学校真正成为独立办学主体，能够自主管理、自主办学。

各九年一贯制学校不断健全决策机制，完善决策程序，推进决策的科学化、民主化、法治化。各校在学校发展方向、重大教育教学改革等方面，充分听取中国教科院以及省市教研部门的意见。各学校重视发挥家长群体在学校治理中的作用，在办学实践中发挥家委会的桥梁作用、管理作用、助学作用、研究作用、监督作用和评估作用。

整体上，下城区九年一贯制学校在治理实践中不断满足质量要求、个体需求、社会需求，通过联盟共享、整体发展、高位发展、快速发展，实现高位均衡。特别是领头羊安吉路实验学校，已经通过不断加大改革创新的力度，在自身不断突进的同时，成为下城区教育改革发展的引擎之一。

特色化发展，是下城区九年一贯制学校办学的基本样态。各学校利用九年一贯制优势，加强学生社团建设，不断树立特色教育品牌，在促进学生个性发展、自主发展的同时，也提高了学校现代化治理的水平。各学校十分注重学生文体活动和社团文化的衔接，强化社团活动和实践课堂的一贯性，为学生提供更多的发展个性特长、兴趣爱好的机会和平台。安吉路实验学校以学校“一社、二团、三化、四队、五特色”为核心建设社团文化，胜蓝实验学校持续挖掘学校蓝精灵社团、射击俱乐部等特色办学品牌的“文化＋特长”学生培养模式，大成岳家湾实验学校拓展个性教育的“121”课程体系，已经成为学校特色发展的金字招牌。随着国家城镇化战略的实施，外来务工人员子女公平、均衡的优质教育需求有所增加。明珠实验学校根据本校的生源状况，开拓创新，努力培养城市发展需要的服务型劳动者，走出了一条普职融合、普职衔接的成功之路。学习型组织的建设，促进了学校教师发展的校本化。校本研训、跨教研和教师交流为教师专业成长提供了沃土。各校用“一贯”思想来统领教师专业发展，通过“师徒结对”“草根研究”“研学共同体”等具有本土特色的措施，不断促进教师专业发展，形成了各具特色的教师发展之路。

教育信息化、国际化等现代教育手段在治理实践中发挥了重要作用。各学校在办学过程中，通过教学信息的采集、分析、处理，不断提升治理能力和教学效能，如大成实验学校数字化教学案等。而国际化则给学校治理带来了新理念、新认识，促进学校治理的国内外衔接，如大成岳家湾实验学校充分利用学校国际化优势，积极引入国外优质教育资源，通过体验国外教师上课、教师互动、海外学习等方式，更新治理理念，增加治理动力。

二、成效：全面提高

为了检验发展情况，总结得失，我们以问卷、访谈等方法对下城区九年一贯制学校进行了总结调研。结果显示，下城区九年一贯制学校在学校、学生、教师、课程等方面全面进步，创新办学成效显著，形成了更加高位均衡的区域教育局面。

（一）高位均衡

高位均衡是下城区教育的永恒追求，也是国家教育战略的本土化实践。经过 3 年发展，下城区九年一贯制学校在保持原有优势的基础上，在持续减轻负担的过程中，质量全面发展，校际高位均衡，逐步由安吉路实验学校一枝独秀演变成安吉路实验学校总体领军，其他学校迎头赶上，甚至各领风骚的良好态势。

1. 质量全面发展

从学校内涵式发展看，学校发展、教师发展、学生发展、课程建设四个办学改革的重点领域全面获得提升。学校发展主要考量学校教育质量、学校活力、学校特色、学校文化、“一贯制”德育、“一贯制”管理、信息化管理系统、对学校发展前途之信心、学生社团与实践等方面的发展情况；教师发展主要考量教师教学水平、教学效果、教学方法、教师积极性与活力、学校教研与教师发展、跨小初教研活动、教师内部流动、教师开设和开发校本课程能力等方面的发展情况；学生发展主要考量学生阳光程度、上进心、学习效果、学习习惯、1 小时体育锻炼、特长与兴趣发展、独立能力、抗挫能力等方面的情况；课程建设主要考量“一贯”的课程规划、国家课程开设情况、校本课程开设和开发状况、实践活动课程开设等方面的发展情况。我们对2013年和2015年的所有数据进行赋值，满意度由高到低赋值为1~5分，然后将所有数据按不同年份、不同学校计算均值，用均值情况进行条形图比较分析。如图2-1所示，除胜蓝实验学校外，各个学校办学内涵的四个方面与2013年相比，分值均获得了明显提高。①这反映出，下城区九年一贯制学校整体教育质量百尺竿头，取得了全面进步。

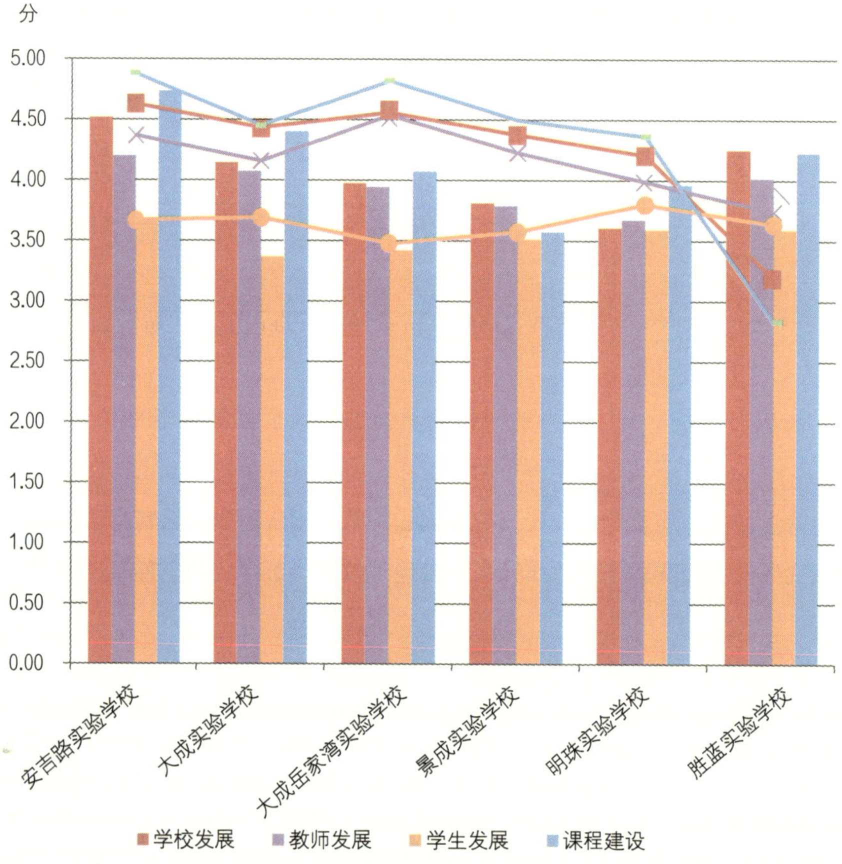

注：柱状图为2013年数据，折线图为2015年数据。

图2-1 九年一贯制学校办学发展状况

① 胜蓝实验学校于2015年转型，分设胜蓝实验中学。第二次调研选取的样本学校为胜蓝实验中学。该校学校发展、教师发展、课程建设有所下降恰好反映了这种转型。然而，学生发展仍有进步，也就是说学生已经在九年一贯制办学改革中获益了。

2. 校际高位均衡

6所学校在整体高位提升的过程中，实现了更均衡的教育。通过计算标准差（见表2-1）可以看出，学生发展与教师发展的校际均衡程度基本持平，而学校发展和课程建设的均衡程度明显提高。

表2-1　校际均衡发展标准差

年份	学校发展	学生发展	教师发展	课程建设
2013年	0.31	0.11	0.19	0.39
2015年	0.15	0.11	0.19	0.21

注：计算中排除胜蓝实验学校改制为胜蓝实验中学的因素。

这反映出，各学校通过创新与改革，逐渐缩小了与安吉路实验学校的差距。而安吉路实验学校在保持其优质教育质量和领军地位的同时，也继续其快速的发展脚步。故而，差距的缩小更能体现下城区九年一贯制学校整体的内涵式高位均衡。可以说，内涵式高位均衡已经成为下城区九年一贯制教育品牌的核心竞争力。

3. 轻负继续推进

整体看来，下城区九年一贯制学校的学生负担并未增加，反而趋向减轻。首先，除去年级增加的因素，学生对课后作业增加的感受不明显。比较2015年与2013年的8年级学生[①]，认为“学校布置的课后作业太多了”的学生比2013年少了2.6%。其次，更具意义的是，学生睡眠情况不但没有受影响，反而有所改善。对“你的睡眠时间充足”这个问题，选择“比较符合”以上的学生比例比2013年提高0.44%，其中很符合的比例提高2.68%。再次，学生体育锻炼情况进一步改善。每天1小时以上的体育活动时间符合比例在2013年89.41%的基础上又增加了3.89%，达到93.3%；而且随年级升高不减反增，学生在6年级时，符合比例为90.44%，升学到8年级后，比例提升到93.3%。

① 与首次调研不同，总结调研并未选择所有年级的学生和家长作为样本，而是重点选择能集中体现九年一贯制学校办学效果的8年级学生和家长作为样本。在分析学生问卷时，采用2013年8年级学生数据与2015年8年级学生数据进行比较分析，同时用2013年6年级学生数据与2015年8年级学生数据进行比较分析。以下同。

（见图 2-2）这些情况说明，下城区九年一贯制学校全面均衡发展并不是以增加学生负担为代价的，而是通过办学的创新改革和内涵式发展，在不断轻负的基础上实现进一步高位均衡。

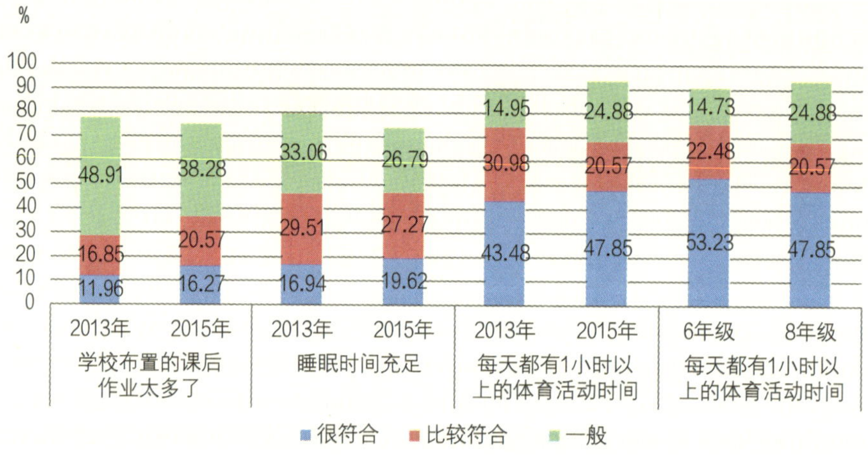

图 2-2 学生减负情况

（二）学校发展

学校发展是以师生身心发展为基础的教育质量、效益的全面进步。下城区针对问题，发挥优势，改革创新，使得区域九年一贯制学校的教学质量不断提升，品牌特色持续增强，一贯制管理优势益发突出，学校校风、文化建设效果明显，学校满意度获得较大提升。

1. 教学质量提升

学校教学质量是衡量学校发展的核心标准。调查显示，下城区九年一贯制学校教学质量得到明显提升。2015 年有 85.71% 的学校领导对“贵校教学质量高”持赞同态度，比 2013 年增长 14.5%，其中感觉“很符合”的校领导大幅增长了 25.32%，达到 57.14%。家长对学校的教学质量更加满意。2013 年对孩子所在学校的教学质量持明显满意态度的 8 年级家长比例为 74.74%，2015 年这一比例达到 77.5%，说明 2015 年的 8 年级家长对学校的教学质量更满意；这些家长在孩子 6 年级时对学校教学质量持明显满意态度的比例为 76.34%。（见图 2-3）这说明，家长满意度随着孩子在校学习时间的增加而提升。

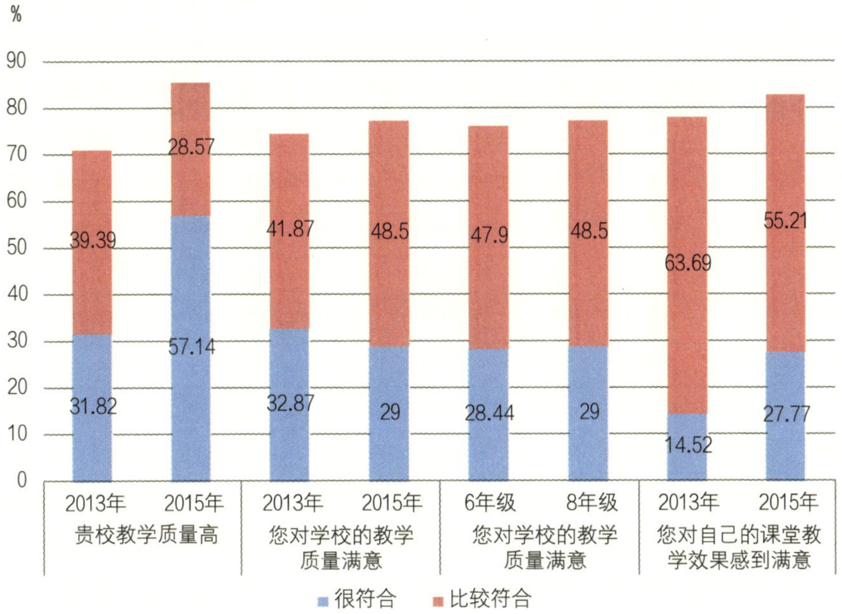

图 2-3　教学质量情况

教学效果是教学质量的重要内涵。调查显示，教师的教学效果较 3 年前有了较大幅度的增长。2015 年的教师更加认可自己的教学效果，问及“您对自己的课堂教学效果感到满意”这一问题时，选择“很符合”和“比较符合”的教师比例总共达 82.98%；其中，选择“很符合”的教师比 2013 年增长了 13.25%。（见图 2–3）

2. 管理优势显现

通过基于“一贯制”的管理改革，下城区九年一贯制学校的管理特色更加明显，体系优势逐渐凸显。这种优势体现在四个方面：一是教学管理优势，有 82.86% 的教师对“贵校在教学管理上体现了‘一贯制’的特色和优势”持明显认同态度，比 2013 年提高了 24.82%，其中非常认同的教师占 49.24%，比 2013 年大幅增长 34.3%；二是德育工作优势，有 90.48% 的学校领导对“贵校在德育工作上体现了‘一贯制’的特色和优势”持肯定态度，虽然仅比 2013 年高 2.6%，但持非常肯定的校领导比例达到 66.67%，比 2013 年增加了 15.15%；三是信息化管理优势，有 84.75% 的学校领导对“贵校基于九年一贯制的信息化管理系统健全”持明确的肯定态度，比 2013 年的 76.92% 增加了 7.83%；四是生源管理优势，表现为生源更加稳定，小学与初中不同校的 8 年级学生由 2013 年的 3.87% 下降至 2015 年的 2.46%。（见图 2–4）

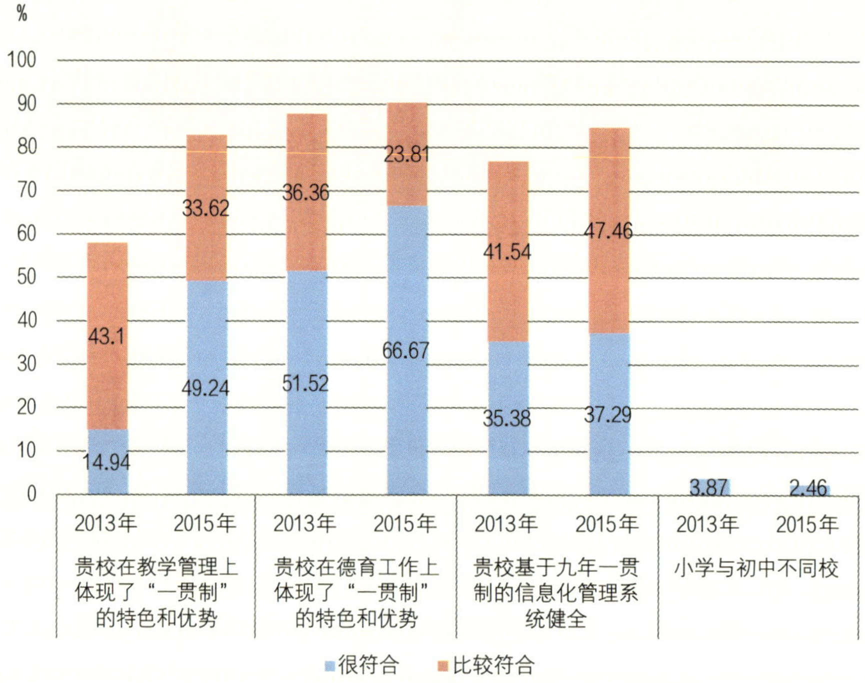

图 2–4 学校管理情况

3. 办学特色增强

下城区九年一贯制学校办学特色明显，品牌化程度很高。有 84.16% 的教师认为学校特色明显，比 2013 年多 11.72%；其中，认为“很符合”的教师比 2013 年增长了 18.56%，达到 53.8%。有 91.52% 的学校领导认为学校形成了具有自身特色的教育品牌，比 2013 年增加了 9.98%；其中，认为“很符合”的校领导比例增长了 14.39%，达到 55.93%。（见图 2–5）

教师参与学生社团活动及综合实践常态化是增强办学特色的法宝。调查显示，有 83.05% 的教师经常参加学生社团活动及学生的综合实践活动，比 2013 年增加了 21.4%；认为参加频次很高的教师超过半数，占 52.2%，是 2013 年的两倍多。（见图 2–5）

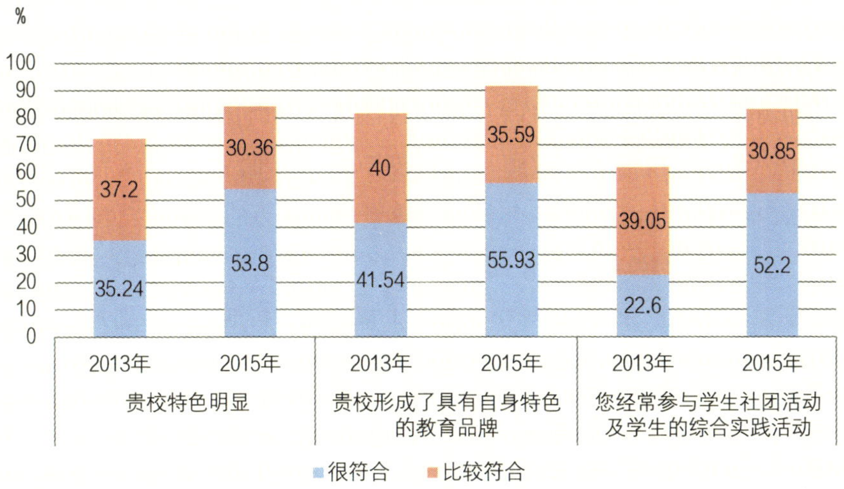

图 2-5 学校办学特色情况

4. 文化氛围融洽

校园文化是学校的软质量。发挥好“一贯制”的学制优势，能有效地促进校园文化建设，各校有特色、有影响、可持续的校园文化更加明显。对此，调查中，几乎所有的学校领导都比较赞同，特别赞同的校领导比例由 2013 年的 41.54% 增加到了 52.38%。（见图 2-6）

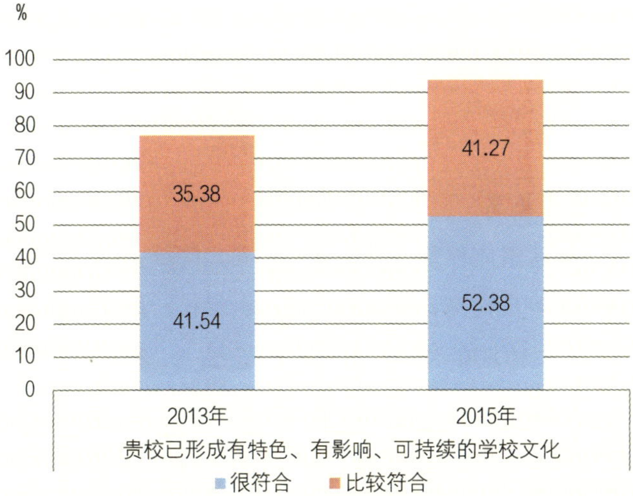

图 2-6 校园文化建设情况

良好的校园文化氛围增强了校园活力，涵养了师生身心，浸润了办学土壤。学生、教师、学校领导普遍感受到学校活力的增强。学生中，认同学校活力的学生占比达95.65%；对班级活力认可的比例更高，达97.13%。教师中，认同学校活力的教师占比相较于2013年的97.89%略有上涨，达98.51%，这主要是由于2013年教师群体对学校活力的认同度已经很高，但对活力感受强烈的教师比例由2013年的32.28%增长到了50.99%，这很能说明学校活力的增强。学校领导中，基本上都认同学校活力，特别是对学校活力感受强烈的领导比例由2013年的54.55%增长到了66.67%。（见图2-7）

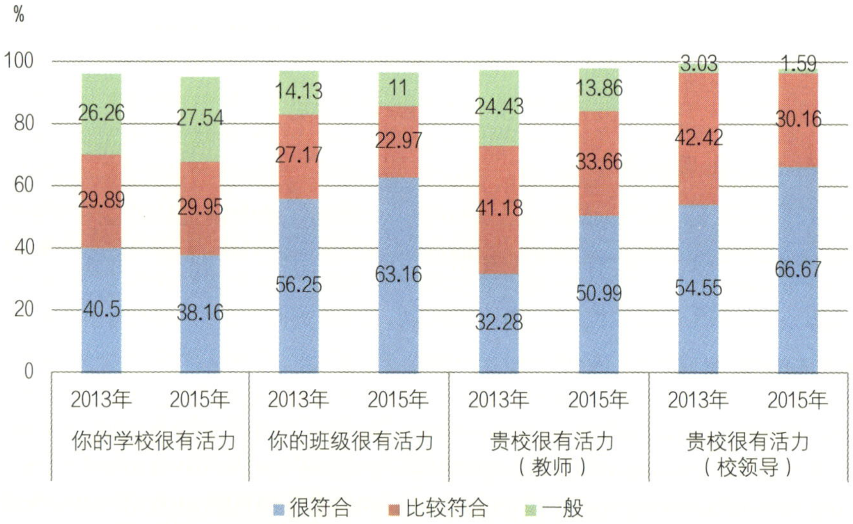

图2-7　学校活力情况

5. 学校满意度提高

近几年，下城区整体教育满意度一直较高，区域九年一贯制教育满意度在较高的基础上进一步提高。换言之，学生、家长、教师对学校的发展更加满意。学生满意主要体现在对学校的喜欢程度上，一方面，学生更喜欢上学，对“您孩子一上学就不高兴”这一问题持否定态度的家长比例大幅增加，由2013年的37.5%增加到70.79%；另一方面，学生更喜欢留在所在学校读书，虽然现在8年级学生对学校满意度为96.15%，仅比2013年8年级学生微升0.35%，但现在8年级的学生中有93.31%的学生对留在所在学校读初中感到满意，而 6 年级时只有 82.77% 的学生愿意留在所在学校读初中。（见图 2–8）这反映出，衔接段的学习过程使学生对学校更加满意。

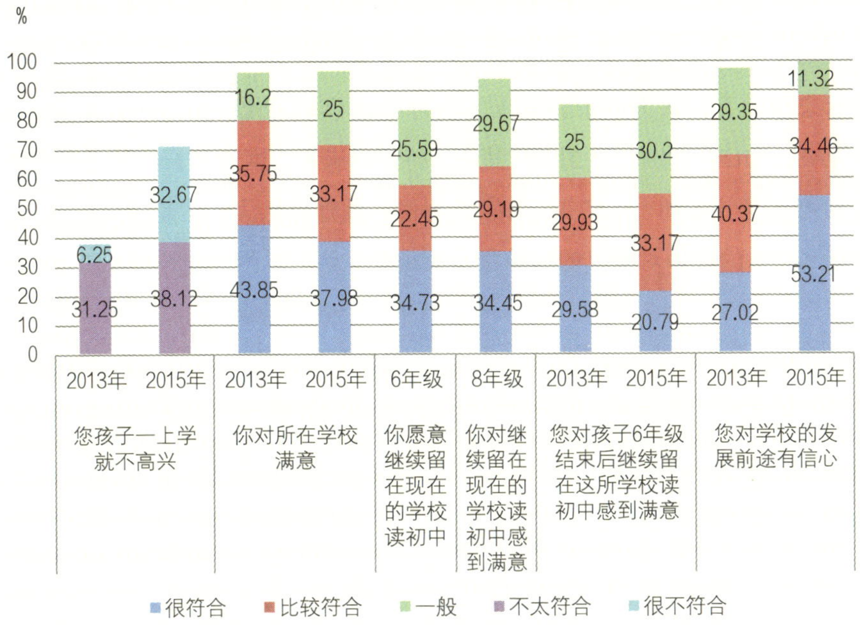

图 2–8　学校满意度情况

家长满意主要体现在教学质量和学校风气上，家长对教学质量满意度前文已分析，而有 94.9% 的家长对学校校风满意。这说明，家长满意度依旧保持在高位。

教师满意体现在教师对学校发展的信心有了很大提升，有 98.99% 的教师对学校的发展前途有信心，虽仅比 2013 年的 96.74% 提高了 2.25%，但 53.21% 的教师显示出强烈的信心，这一数据比 2013 年增长了近 1 倍。

（三）学生发展

办学改革服务于学生发展，学生发展是办学改革的出发点，也是衡量办学改革成效的重要指标。调查显示，下城区九年一贯制学校以学生为本的办学实践在促进学生的全面发展、个性发展、自主发展等方面成效明显。

1. 素质全面发展

学生全面发展主要表现为身心健康、知识增长和能力增强三个方面。从身心健康来看，学生精神面貌更好，身体素质更强。首先，学生更加阳光。家长与子女关系最紧密，感受最直接。2015 年有 79.7% 的家长对孩子的精神状态很满意，认为孩子在学校的精神状态积极阳光，2013 年这一比例为 74.49%，2015 年增加了 5.21%；其中，持强烈满意态度的家长比例增多明显，达到 42.57%，增加了 5.67%。与家长相似，教师也认为学生是阳光的。2015 年有 82.5% 的教师对学生的精神状态很满意，认为学生在学校的精神状况积极阳光，2013 年这一比例为 73.33%；其中，持强烈满意态度的教师大幅增加了 20.94%，达到 44.88%。其次，学生上进心明显增强。2015 年有 68.65% 的教师对学生的上进心状况很满意，认为学生上进心很强，2013 年这一比例为 56.82%，2015 年增加了 11.83%；其中，有 30.53% 的教师强烈满意，大幅超过 2013 年的 16.06%。（见图 2-9）再次，学生身体素质更强。在分析下城区九年一贯制学校取得轻负成效时，已得出学生锻炼和睡眠情况进一步提高的结论。已有的研究表明，每天 1 小时锻炼和睡眠情况与学生身体健康情况成正比。因而，可以推断出学生身体素质不断增强。

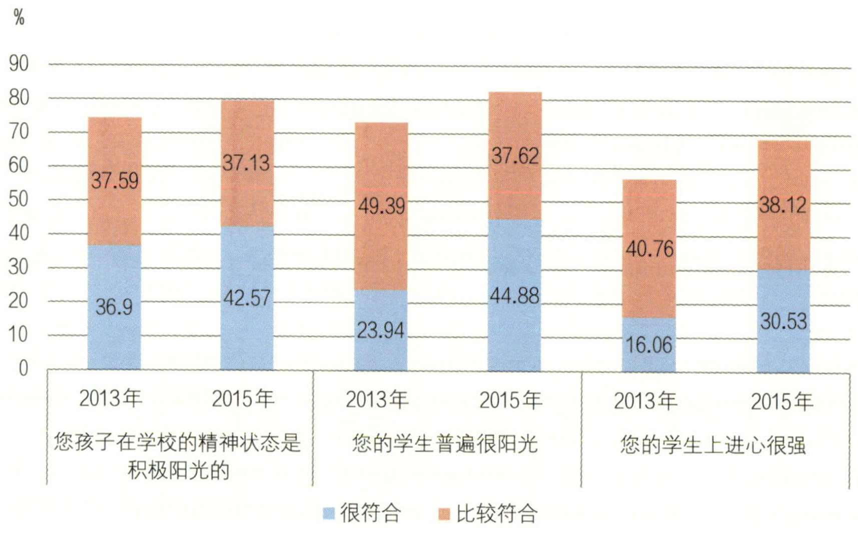

图 2-9 学生精神状态情况

知识增长与学习效果关系密切。从学业角度上，学习效果越好，知识增长越多。调查表明，对自己学习效果不满意的学生比例有所下降。2015年8年级对自己的学习效果不满意的学生比例为8.13%，2013年这一比例为8.68%。与此同时，认为课堂学习有难度的学生比例有所上升，2013年比例为37.43%，2015年上升至41.34%。（见图2-10）两相结合，学习效果满意度并未因学习难度上升而下降，恰好说明学生的学习效果在明显提升。学习效果的提升必然带来学生学业成就的提高，从而实现学生知识的增长。

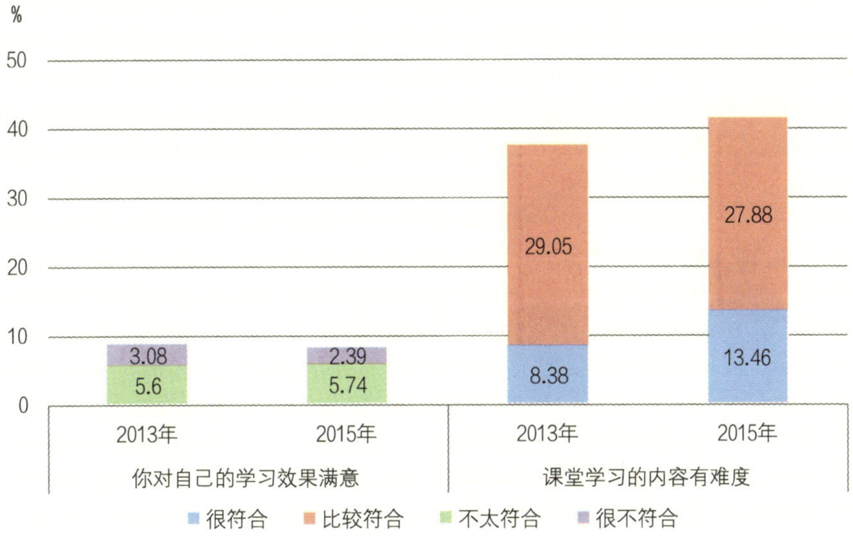

图2-10 学生学习效果情况

能力发展是素质教育区别于应试教育的重要方面，也是学生素质全面发展的重要表现。现代社会所必须具备的能力包括独立、合作与交流、抗挫等，是应该从小培养的能力。首先，学生的独立能力有所增强。2015年认为孩子独立自主能力较弱的家长比例从2013年的24.49%下降到了20.3%，也就是说，从家长的感受来说，学生独立能力变强了。其次，学生的合作交流能力得到发展。2015年认为自己孩子合作交流能力不错的家长比例从2013年的60.77%增加到了65.68%，表明学生的合作交流能力整体上得到了发展。再次，学生的抗挫折能力有所增强。2015年明确不赞同自己孩子抗挫折能力差的家长比例从2013年的35.17%增加到了48.51%。（见图2-11）这说明在家长看来，学生的抗挫折能力增强了。

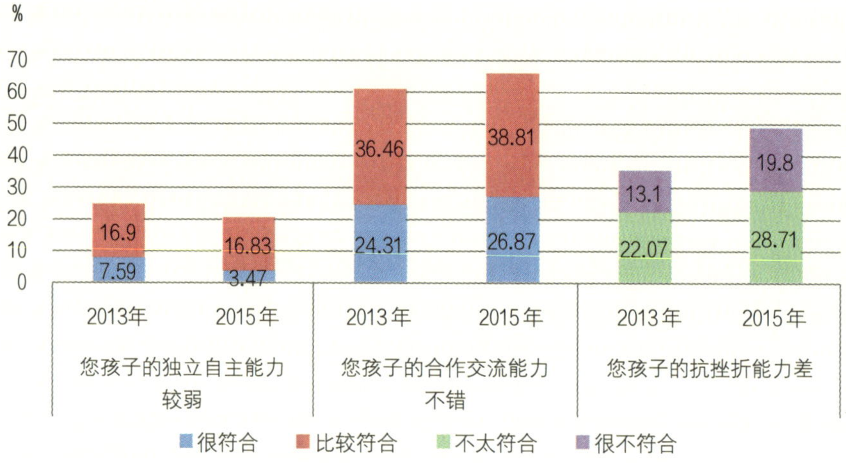

图 2-11　学生个人能力情况

2. 个性持续发展

中共中央原总书记胡锦涛同志在清华大学百年校庆讲话时指出，全面发展和个性发展相辅相成，要把全面发展和个性发展紧密结合起来。[①] 在促进学生全面发展的同时，下城区九年一贯制学校非常注重学生的个性发展。

个性发展首先表现为学生兴趣和特长的发展。然而，应试教育的普遍趋势是学生兴趣和特长发展随年级增加而逐渐受限。近几年，下城区九年一贯制学校在解决这一问题上取得了显著成效。调查显示，6 年级学生认为自己有特长或者兴趣爱好的比例为 97.43%，升到 8 年级后为 94.74%，仅下降 2.69%；6 年级学生认同“学校的学习生活限制了你的特长或兴趣爱好”的比例为 22.13%，升到 8 年级后为 23.44%，仅微升 1.31%。（见图 2-12）家长调查结果与学生调查结果比较相似，即家长看法与学生看法基本一致。考虑到 8 年级学习难度较 6 年级大幅增加，统计情况恰好说明了通过课程衔接、办学改革，学生特长或兴趣爱好随年级增加而稳定降低的普遍性趋势在下城区九年一贯制学校正在得到扭转。

① 胡锦涛在清华大学百年校庆大会上的重要讲话 [EB/OL].(2011-04-25)[2016-01-06].http://www.bj.xinhuanet.com/bjpd_sdzx/2011-04/25/content_22604972.htm.

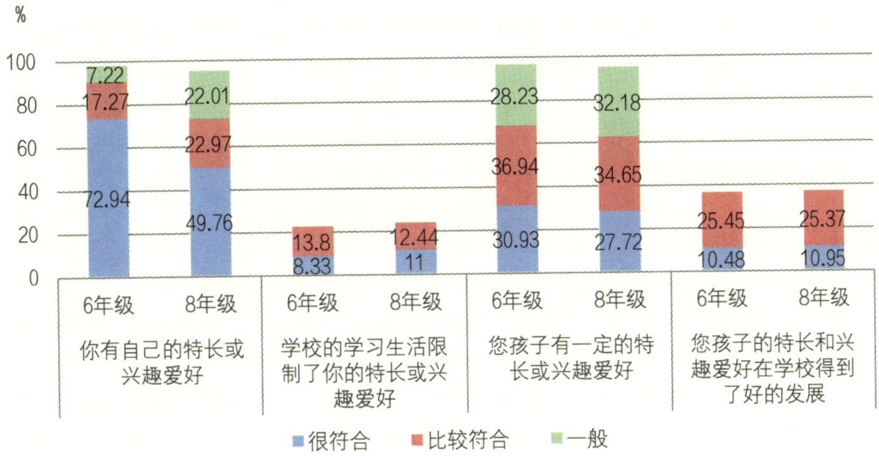

图 2-12 学生个性发展情况

学生个性持续发展源于丰富多彩的社团和课余活动建设。首先，认可学校社团活动的学生比例结构性提升。虽然 2015 年有 84.69% 的学生认为“学校的社团活动比较丰富”，较 2013 年的 86.38% 略低，但 2015 年有 61.72% 的学生对此持较高赞同度，明显高于 2013 年的 52.59%，其中非常赞同的学生比例由 2013 年的 27.52% 增加到了 2015 年的 38.28%，增幅达 10.76%。其次，认可文化活动的学生比例也存在结构性提升。虽然 2015 年有 91.4% 的学生认为“学校和班级的文化活动丰富”，较 2013 年的 91.01% 相差无几，持较高赞同度的学生比例也差不多，但非常赞同的学生比例由 2013 年的 28.61% 增长到了 2015 年的 35.89%，增长了 7.28%。再次，认可校外活动的学生比例全面提升。2015 年有 71.64% 的学生认为“学校和班级经常组织校外活动”，较 2013 年的 69.38% 提升超过 2%，持较高赞同度的学生比例为 40.87%，也远高于 2013 年的 30.9%，其中非常赞同的学生比例由 2013 年的 15.73% 增加到了 2015 年的 23.56%。（见图 2-13）优秀多样的社会和校内外活动，为学生成长提供了可选择性，为个性教育提供了资源和平台，满足了学生的个性发展需求。

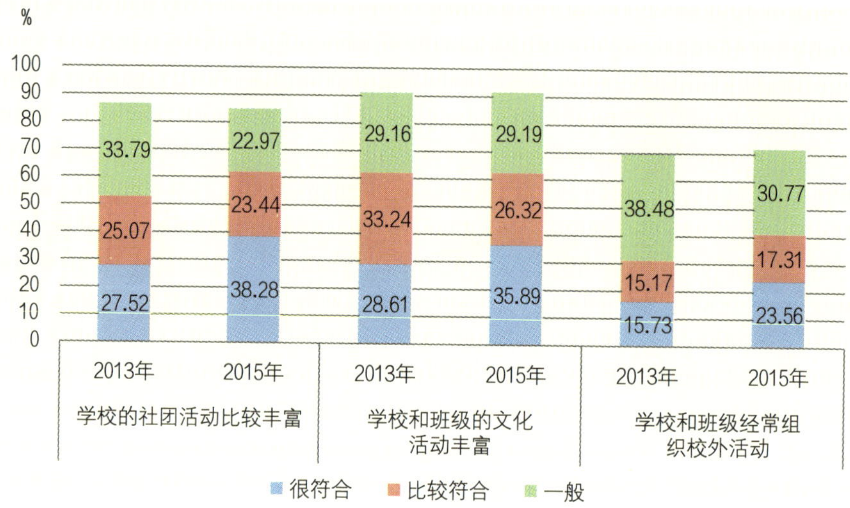

图 2-13 学校活动发展情况

对此，校领导非常认可。2015 年有 93.22% 的学校领导对“贵校学生社团活动能够满足学生的需求”持较高赞同度，远高于 2013 年的 75.76%。其中，强烈赞同的校领导比例为 62.71%，较 2013 年的 37.88% 大幅增加了 24.83%。（见图 2-14）

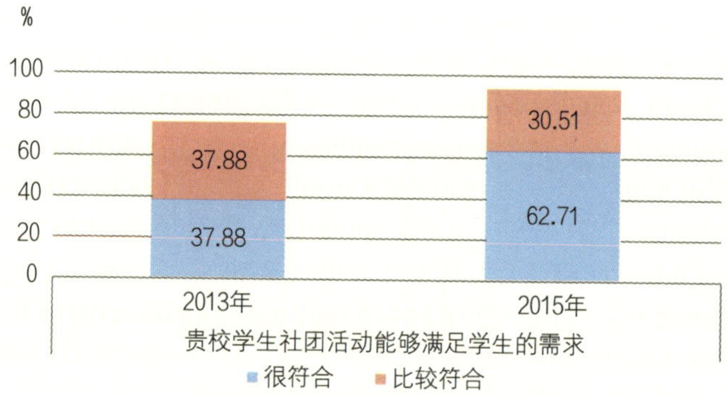

图 2-14 学生社团活动能否满足学生需求情况

上述分析充分说明，下城区九年一贯制学校在办学改革的探索中切实有效地促进了学生个性发展。

3. 个体自主发展

让学生自主发展是现代化教育的要求，也是当下教育的热点。下城区九年一贯制学校在紧密结合全面发展和个性发展的过程中，不断促进学生自主发展。自主发展体现在学生的自主性、能动性不断加强和学习习惯养成两方面。

自觉主动是自主发展的内生力量。总体上，学生的自觉主动性进一步增强。2015 年认为“能主动自觉地学习”的 8 年级学生比例为 95.7%，与 2013 年的 94.82% 相比，上升近 1%；其中，对主动学习持非常满意态度的学生比例为 28.23%，比 2013 年的 24.52% 增加了 3.71%。相佐证的，同意有人督促才学习的学生比例也有显著下降，从 2013 年的 24.79% 降至 2015 年的 16.74%，降低了 8.05%。这说明，8 年级学生的自觉主动性同比有所增强。同时，2013 年有 95.09% 的 6 年级学生认为“能主动自觉地学习”，2015 年 8 年级学生与之相比比例不降微升。（见图 2–15）这说明，学生面对学习难度增加并不畏难，反而更加自觉主动地投入到学习中。

良好的学习习惯是自主发展的保证。调查显示，学生的学习习惯培养是有效的。比较两次调查，认为孩子学习习惯好的家长都在 90% 左右，2015 年有 42.78% 的家长对孩子的学习习惯持明显满意的态度，超过 2013 年的 40.87%。（见图 2–15）这反映出，有好习惯的学生越来越多，学生的学习习惯得到了良好的培养。

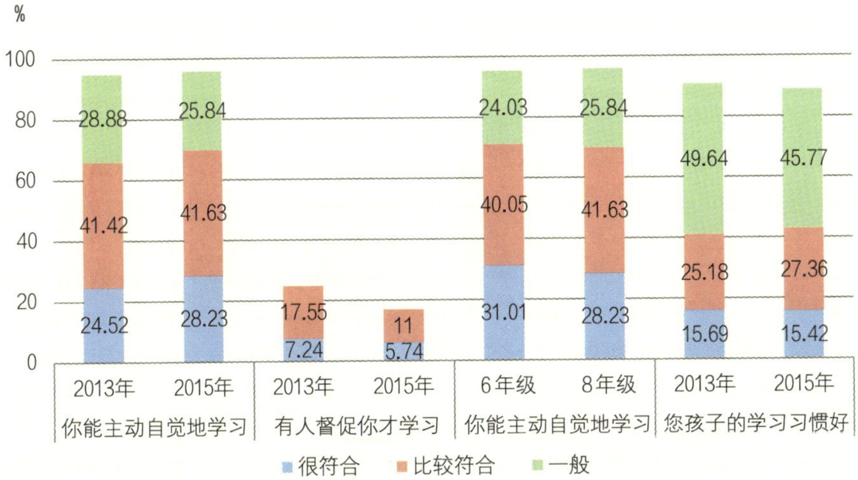

图 2–15　学生学习主动性情况

（四）教师发展

教育大计，教师为本。教师发展是提高教育质量的根本保障。在下城区办学改革中，九年一贯制学校不断促进教师多样、自主、持续发展，使教师的教学水平不断提高，科研能力不断提升，精神面貌焕然一新。

1. 教学水平提高

教师发展的落脚点在教学水平，教学水平是教师发展程度的直接体现。教学水平包括教学能力、教学方法、教学效果等方面。从教学能力来看，对班级学习成绩后 1/3 学生的关注非常能够体现教学水平，6 所学校教师对于该问题评分的均值都有所增加，说明各校教师的教学水平都有所提高。从教学方法来看，2015 年只有 0.66% 的教师不认为自己“能运用多种教学方法”，较 2013 年的 1.06% 有所下降，强烈认为自己“能运用多种教学方法”的教师占 1/3，比 2013 年增加了 10.4%，反映出教师的教学方法进一步增多。从教学效果来看，教师更加满意教学效果。2015 年有 82.98% 的教师明确表示“对自己的课堂教学效果感到满意”，超过了 2013 年的 78.21%；其中，强烈满意的教师比例为 27.77%，比 2013 年增长了 13.25%。（见图 2–16）教学能力、教学方法、教学效果全面提高反映出区域九年一贯制学校教师教学水平的切实提高。

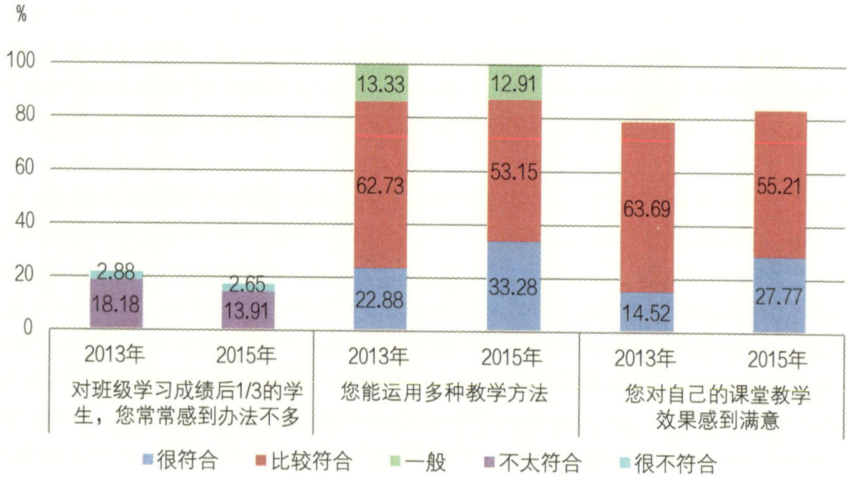

图 2–16　教师教学方法和教学效果情况

校长——学校的全面管理者——对教师教学水平的满意程度也反映出教师的教学水平。2015 年有 90.48% 的学校领导明确对本校教师的教学水平感到满意，远超过 2013 年的 80%；其中，非常满意的校长比例为 38.1%，比 2013 年的 21.54% 大幅增长了 16.56%。（见图 2–17）校长满意度的大幅提高，也说明教师教学水平获得了提高。

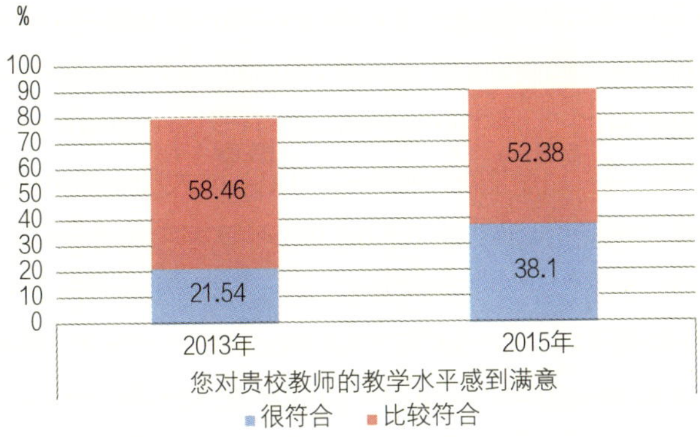

图 2–17　学校领导对本校教师教学水平的满意度情况

2. 科研能力提升

随着教育改革的深化和素质教育的全面实施，社会对中小学教师的素质提出了新要求，要求教师必须具备高水平的教育科研能力，否则无法适应社会的发展需求。作为教师，只有具备了科研能力，才能去追求创新，才能创造出最佳的教育教学效果，才能适应教育改革和发展的需要。调研显示，教师科研能力高位提升。2013 年仅有 4.55% 的学校领导不认可本校教师的科研能力，说明教师已经普遍具有较强的科研能力；2015 年仅有 1.69% 的校领导不认为教师教研能力整体有提升。（见图 2–18）也就是说，校领导普遍认为教师的科研能力在整体上有所提升。

从开发校本课程能力上，也能反映出教师科研能力的状况。2015 年有 14.26% 的教师不认为自己“具有开发、开设校本课程的能力”，与 2013 年相比，下降了 2.12%，而对自己持比较满意态度以上的教师却大幅增加了 17%，为 49.75%，特别满意的教师增幅超过 20%。校领导态度的变化反映了教师开发、开设校本课程能力的提升情况。2013 年有 6.16% 的学校领导不认可本校教师开发、开设校本课程的能力，2015 年仅有 3.38% 的校领导不认为教师开发、开设校本课程能力整体有提升。（见图 2–18）也就是说，校领导普遍认为教师开发、开设校本课程能力在较高的水平上进一步提升，这也在一定程度上反映了教师科研能力的高位提升。

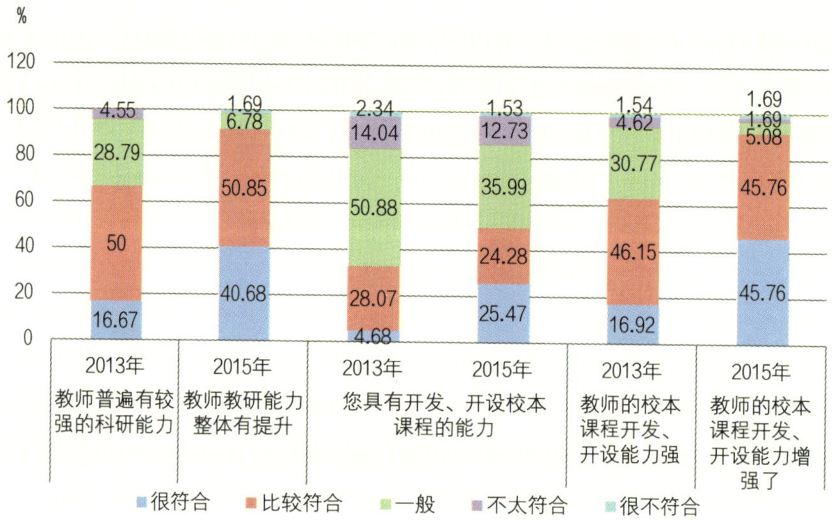

图 2–18 教师科研能力和校本课程开发、开设能力情况

教师科研能力提升是利用“一贯”优势创新教师专业发展管理的结果。一方面，在教师培养上，提升跨小初教研实效。认为“学校有跨小初的教研活动”的教师始终保持在 80% 以上，虽在量上没有增长，但受益于跨小初教研的教师明显增多。认为“学校的教研活动对促进教师专业发展很有帮助”的教师比例由 2013 年的 82.35% 增加到了 2015 年的 86.25%；其中，感受强烈的教师比例从 2013 年的 11.76% 跨越式地增长到了 2015 年的 46.86%。这充分说明各校跨小初教研质量的快速提升。另一方面，在管理体制上，推动教师内部流动。认为“教师内部流动情况好”的校领导比例从 2013 年的 68.18% 增加至 2015 年的 88.13%，增长了近 20%；其中，非常赞同的校领导比例由 2013 年的 25.76% 增加至 2015 年的 45.76%。（见图 2–19）这表明，教师内部流动情况越来越好。

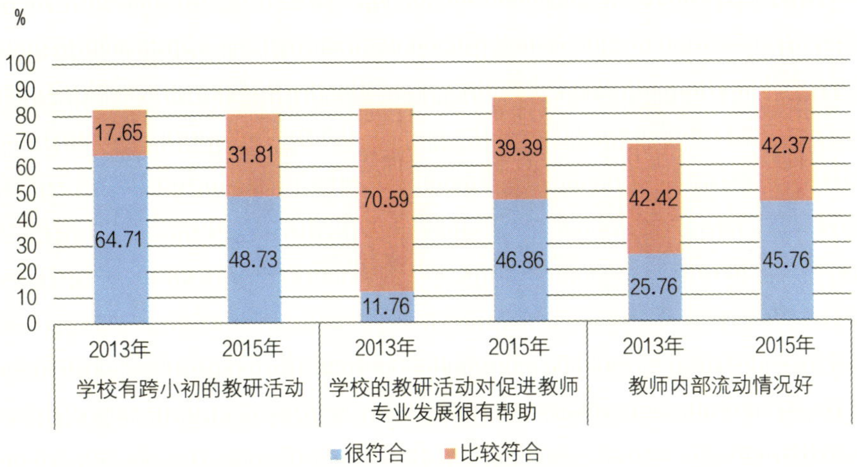

图 2-19　教师专业发展情况

3. 精神面貌积极

教师能力不断提升，教学水平越来越高，教学效果越来越好，教师的优势需要不断得到满足，进而从根本上激发了教师的积极性。教师不仅对学校发展的信心更足、愿景更美，而且积极性更高、活力更大。2015 年有 92.74% 的教师明显感觉"同事都积极向上、具有活力"，这一比例明显高于 2013 年的 81.89%；其中，感觉强烈的教师比例由 33.49% 大幅增加至 57.94%。（见图 2-20）这充分显示出教师热情和积极性得到有效激发。

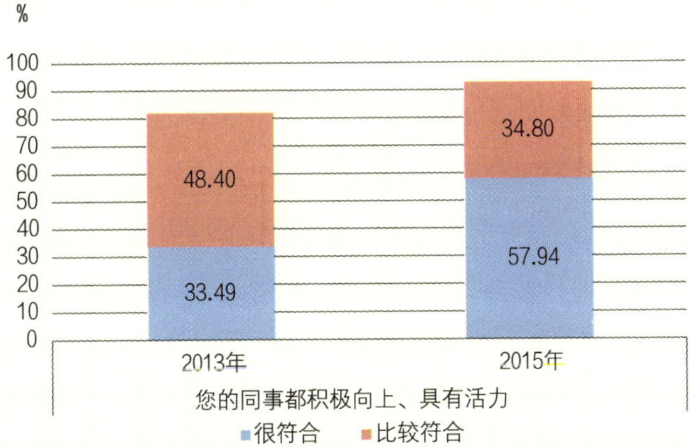

图 2-20　教师积极向上、具有活力情况

（五）课程创新

课程教学是学生获得知识、发展能力的重要途径，也是教育质量的基础。创新课程建设是有效落实教学计划、提高教学水平的重要保证，是办学改革的重要内容之一。下城区九年一贯制学校课程建设发挥“一贯”优势，注重点面结合，既在整体上全面建设课程体系，扩展了课程外延，又以课程衔接为突破口，丰富了课程内涵，从而有效地提升了课程教学质量。

1. 体系全面建设

课程体系是教学内容和进程的总和，是课程建设的主体内容和具体指向。下城区九年一贯制学校课程建设注重国家课程与校本课程的有机结合，已形成了国家课程、校本课程、实践课程三大模块有机统一的课程体系。首先，国家课程已开齐开足。2015 年，接受问卷调查的实验区学校领导全都认为本校开齐开足了国家课程，而 2013 年还有个别学校领导不认可。

其次，校本课程建设更好。2015 年有 91.52% 的学校领导对校本课程开发和开设的状况持满意态度，认为“校本课程开发和开设的状况好”，远超过 2013 年的 66.15%；其中，特别满意的校领导比例为 38.98%，比 2013 年大幅增长了 20.52%。教师的态度与校长相似。2015 年有 84.67% 的教师对校本课程开发和开设的状况持满意态度，认为“校本课程开发和开设的状况好”，与 2013 年的 42.11% 相比，增加了 1 倍以上；其中，表示很满意的教师占 45.32%，是 2013 年的 4 倍多。（见图 2–21）校领导与教师的态度反映出了校本课程建设成效显著。当然，校本课程建设的成效是教师相关能力得到提高的结果，这也说明教师发展对校本课程建设起到了巨大的推动作用。

再次，实践课程愈加丰富。虽然 2013 年、2015 年校领导群体对“实践活动课程开设情况好”的满意程度都近乎 100%，但 2015 年特别满意的校领导较 2013 年大幅增加近 20%，从 51.52% 增长到了 71.19%。（见图 2–22）这说明各校实践活动课程建设取得了明显成效。

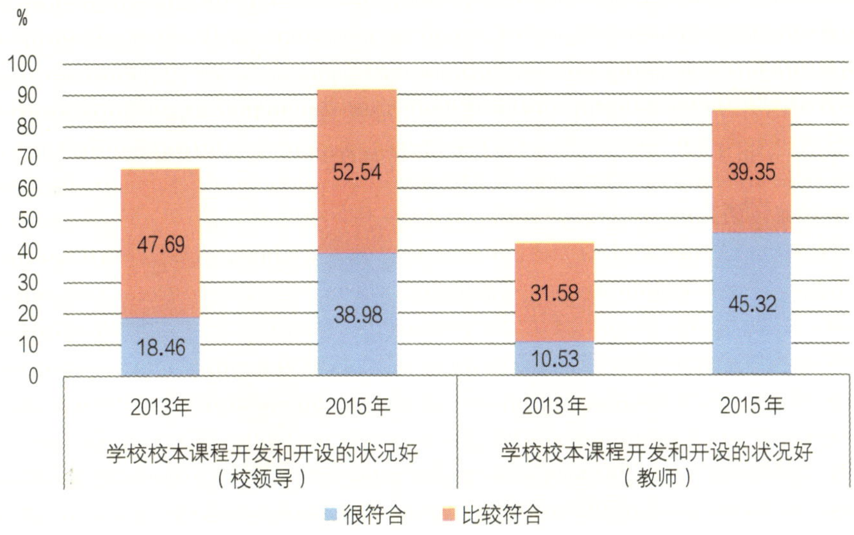

图 2-21　学校校本课程开发和开设情况

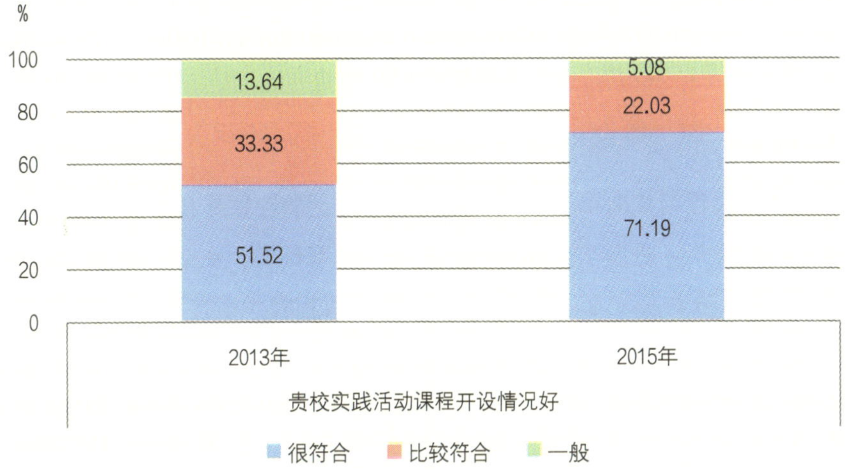

图 2-22　学校实践活动课程开设情况

国家课程、校本课程、实践课程三大课程模块全部取得了显著成效，使得有机统一的课程体系更加完善，实现了课堂效益，提升了教学质量。

2. 衔接重点突破

课程衔接是具有九年一贯制学校特色的内涵式课程建设，也是办学优势和突破口。经过科学规划、精细建设，课程衔接工作不断进步，效果明显。首先，基于“一贯”的课程规划已成形。2015 年有 84.12% 的学校领导对“已有整体的九年一贯的课程规划”表示满意，远超过 2013 年的 65.15%；其中，相比于 2013 年只有 25.76% 的校领导表示非常满意，2015 年这一比例增加至了 44.44%。（见图 2-23）这说明，各校已完成整体的九年一贯课程规划，并已卓有成效地付诸实施。

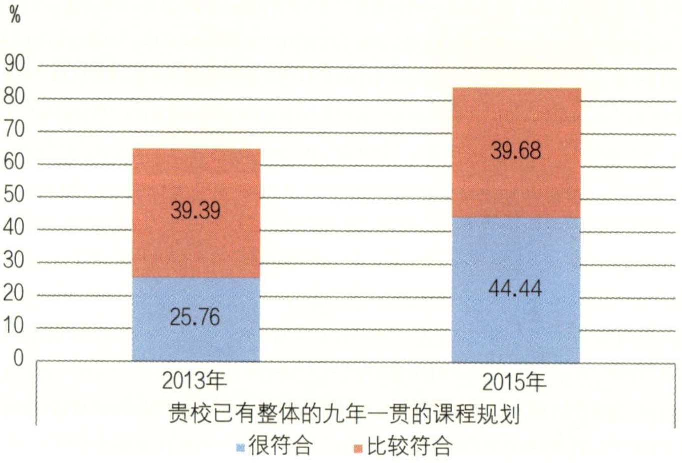

图 2-23　学校已有九年一贯课程规划情况

其次，课程衔接取得了切实的成效。对此，学校领导和教师普遍表示认同。下城区九年一贯制学校课程衔接是有一定基础的，在 2013 年的调查中，有 2/3 的领导和半数教师认为“小学、初中的课程教学衔接得好”。在此基础上，课程衔接继续完善，更富成效地发展。2015 年有 95.24% 的学校领导和 84.50% 的教师认为学校“在课程衔接上比三年前更有成效”，这恰好说明了课程衔接工作的实效性。

另外，越来越多的家长同意对课程进行调整，使中小学课程衔接得更科学。同比来看，2013 年反对和支持“部分初中的内容可以调到小学高年级”的 8 年级家长比例均为 31.25%，2015 年反对的家长比例下降至 24.38%，而支持的家长比例上升至 42.29%。（见图 2-24）同时，8 年级家长在孩子 6 年级时，有 29.41% 的人反对课程调整。家长反对或支持课程调整的直接原因是学生的学习效果，持反对意见家长比例的降低在一定程度上反映了基于衔接的课程调整使学生学习效果获得了切实提升。

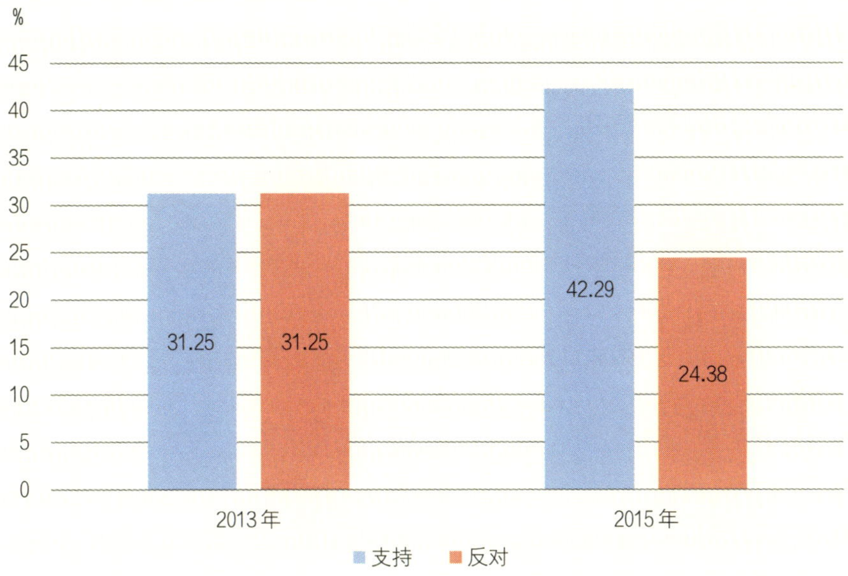

图 2-24 “部分初中的内容可以调到小学高年级”家长支持情况

中篇 自主探索

第三章　塑优秀公民的一贯德育

所谓一贯德育，就是要把义务教育阶段学校的德育工作，从一年级到九年级、从教育理念到教育内容、从管理方式到实施过程，进行整体构思和设计，形成九年义务教育学校德育的总目标和各阶段目标，构成一体化的教育管理新格局，在德育一体化的实施过程中，使学生素质得到全面发展。杭州市安吉路实验学校自1990年在全省率先推行九年一贯制以来，一直秉承关爱、卓越、引领的愿景，坚持以培养“平民本色，精英气质”的优秀公民作为学校的办学目标，持续构建具有一贯制特色的德育体系。

一、定位德育目标

在国家出台相应的德育分阶段目标之前，各地的学校德育工作大多由学校或当地教育部门自主确定。德育不像教学工作，由教育部明文规定各科各阶段的各项教学目标，德育体系目前尚属灵活自由的无系统状态。

安吉路实验学校作为一所在20世纪90年代初就率先实行九年一贯制的学校，有其独特的优势，可以让一个学校的德育目标分阶段、有层次地得以实施，目标体系庞大，且目标实施过程也比较长，能给学校更多的自主空间。因此，学校集一代又一代安吉路人的智慧和力量，在德育目标的系统性、全人性的探索上，初见成效。

（一）确立原则

学校德育目标确立的基本原则是整体性、阶段性、连贯性。

整体性原则：九年一贯制学校的学生要在同一种教育环境中生活九年，由于学生成长年龄跨度大，各阶段的学校德育目标和方法存在着明显差异，如果各阶段各自为政、各行其是，便失去了九年一贯制学校应有的优势。因此，在九年一贯制学校德育目标的制定中，应始终遵循整体性、统一性的原则，明确各阶段合理的教育管理方式，切实解决中小学德育目标衔接问题，保障义务教育各阶段育人的主体功效。

阶段性原则：各学段各校部（戒坛校部 1~2 年级为低年段，武林校部 3~5 年级为中年段，安吉校部 6~9 年级为高年段）的德育目标体现年段上的全程性、空间上的全面性，循序渐进，适当重复，螺旋上升。

连贯性原则：九年一贯制学校应该在“一贯”两字上面做足文章，尤其要在“中小衔接”“低中衔接”“中高衔接”上，以学校教育为主要载体，携手家庭教育和社区教育，运用教育科学发展观的战略思想，使学生在德育方面受到连续不断的系统一体化培养，促使学生的全面发展、自主发展和个性发展。

（二）目标体系

在学校整体德育目标体系的建构中，始终关注、贯穿、围绕五点：一是始终贯彻一个育人目标，即学校的办学宗旨；二是坚持两个纬度的标准，即基础性标准和个性化标准；三是抓住三个核心品质，即公德心、责任感和创新力；四是努力体现四个特色，即校本、全人、共享和持续；五是依靠五个载体，即普通课堂、家长课堂、活动阵地、校园文化、智慧师长。据此构建一贯制特色的德育目标体系。（见表 3–1）

表 3–1　九年一贯德育总目标和分阶段目标体系

目标分类		目标定位
总目标		培养志向高远、情趣高雅、身心健康，具有国际视野、创新精神、实践能力，能主动适应和引领未来社会发展的现代公民。
阶段目标	阶段目标（1~2 年级）	1. 发展自理能力。 2. 能认识自己，简单地了解社会生活知识。

续表

目标分类		目标定位
阶段目标	中段目标（3~5 年级）	1. 进一步了解他人和社会，初步形成公德意识，学习关心社会和他人、孝敬父母。 2. 掌握简单的劳动技能，形成劳动意识。 3. 学习简单的自救、自护知识。 4. 初步培养健康的人格和心理，学习简单的调控心理的方法。
	高段目标（6~9 年级）	1. 培养公德意识，关心祖国命运，增强社会责任感，加强理想教育。 2. 形成劳动习惯，掌握生活基本技能。 3. 具有较强的辨别是非的能力。 4. 培养自尊、自强、自信的心理品质。

二、科学分布九年一贯德育内容

学校的教育对象是 1~9 年级的学生，学生的年龄跨度比较大，认知水平也有显著的差别，因此，各项目标下面的德育内容也呈现螺旋上升的态势，德育内容从不同的经纬度加以规范，经度确定为不同年龄段的学生，基于他们的不同认知水平和德育需求，来确定多个纬度（即心理教育、道德品质教育、自主管理能力、公民意识教育等）的德育内容。

安吉路实验学校一校三部，三个校部相隔较近，这个格局的分布对学校德育工作有较大的益处。学校对三个校部的德育工作各有侧重，但又一脉相承。戒坛校部要求扎扎实实做好学生常规教育，从入学第一天开始，就把落实常规作为戒坛校部团队的重要德育工作目标；武林校部则主要做好学生生存交往等能力的培养，逐步培养学生的公民意识；安吉校部为向高一级学校输送优秀人才，重点做好理想教育、强化公民意识的教育。

（一）仪式教育

仪式教育是德育的一个亮点和特色工作。以仪式开展教育活动，可以营造出特殊的教育氛围，激发学生积极向上，提升学生的精神世界。学生在仪式教育活动中，可以深深地感受到父母、师长在自己成长道路上真诚无私的付出，懂得感恩，活动可以为家长与孩子搭建一个心灵对话的平台。仪式教育表达了学校内隐的教育内容和教育观念，借助美的教育形式，使内隐的教育要求外显化，并产生持久的影响力。仪式教育活动还是多种艺术形式的融和与创造性的运用。学校精心设计仪式教育的每一环节，从学生的心理需求出发，通过视觉、听觉等多种感官刺激，营造氛围，使学生产生多种意识的综合效应，丰富的艺术因素，使其具有强烈的感染力和心理内化力。

固化的成长仪式从1~9年级，贯穿孩子9年的学习成长过程。每个仪式都是学生阶段性成长的一个标志。固化的仪式都有成熟完善的活动方案，主题鲜明、目标明确、过程清晰，内容有侧重、有层次，也便于操作。活动邀请家长全程参与，共同见证和祝贺孩子的成长。（见表3–2）

表3–2　学校固化的成长仪式

仪式名称	年级	开展时间	参加人员
新生入学仪式	1年级	8月31日	1年级新生、家长、教师
入队仪式	1年级	元旦	戒坛校部全体师生、1年级家长
红领巾换戴成长仪式	6年级	六一节	6年级全体师生
离队入团仪式	8年级	五四青年节	8年级全体师生、家长
毕业典礼	9年级	7月初	9年级全体师生、家长，部分教师

动态仪式则是融入每个学期、每个月、每周的常规德育之中，借助常规的载体，开展形式多样的活动。（见表3–3）

表3–3　学校动态仪式

仪式名称	开展时间	特点
开学典礼	开学初	每年的9月1日，1~9年级全体集中，地点在安吉校部操场，传承一直以来的“大手拉小手”的模式。每学年第二学期的开学典礼则由学校教育研究发展中心牵头定主题，分校部开展。
休业式	学期结束	每年寒假，1~9年级全体集中，第二学期期末则分校部召开。结合每个学期德育主题和少先队活动要求开展。

续表

仪式名称	开展时间	特点
升旗仪式	每周一	戒坛校部：班级轮流，全员上台，围绕德育主题进行形式多样的德育展示，随后由配班老师进行点评与总结，深受学生喜爱。 武林校部：班级轮流，围绕德育主题进行朗诵的展示，由学生面向学生开展的教育活动深入学生心灵。 安吉校部：从主持人、升旗手到国旗下讲话都由学生担任，树立学生中的榜样。结合时事和学生的具体情况有针对性的演讲，发人深省。
年级大会	每月一次	各年级根据每月德育主题开展年级主题活动，已成为学校德育体系中的一个重要环节，充分体现了年级特点和年级德育的自主性。

仪式的教育作用主要是表现在它的庄重，要求步调统一，以此来聚集人心，使不同的人目标与行为趋同，达到震撼心灵的作用。实践证明，学校的仪式教育对学生的心灵起着深刻、持久、潜移默化的影响。

（二）自主管理

自主管理在学生成长过程中具有重要价值。实践证明，要给予学生更多的实践空间，让学生在规范中锤炼自己的意志，在规范中铸就集体荣誉感，在规范中明了自己的责任，逐步培养学生良好的行为习惯，逐渐提高学生的自我管理能力，逐步培养学生学会学习及专心做一件事情的能力。学生自主管理确实能提升班主任工作的幸福指数，逐渐实现教师管理工作的轻负高质，是一个值得推广发展的育人模式。

教育应从根本上重视人的发展，而现代管理理论同样认为，人是可以自治并能自主激发的，如能给学生提供自主管理的机制，给予他们自主管理的舞台，他们会自发地将个人目标与班级、学校目标融合起来。因此，安吉路实验学校在继承学校 60 多年以人为本的教育理念的基础上引进新型管理理念，充分调动学生的主观能动性，激发人的内在潜力，发挥学生的创造性，分年级帮助学生设置自主管理目标，促进学生的自发成长。（见表 3-4）

表 3-4　自主自理教育九年一贯目标系列

年级	习惯目标	能力目标
1 年级	①在家里，会主动与长辈打招呼。在学校，会主动与老师、同学打招呼。 ②上课发言先举手，别人发言会倾听。 ③课间先做课前准备，上厕所。	①自己整理书包。 ②自己摆放桌椅。 ③自己完成作业。
2 年级	①能主动问好、告别。 ②上课不做小动作。 ③课间先做课前准备，走廊、楼梯靠右走。	①整理自己的抽屉。 ②管理自己座位周围的卫生。
3 年级	①打招呼、说话时使用文明礼貌用语。 ②和同伴友好相处，会用文明语言交流。（如：请你帮我……；谢谢你的帮助；对不起，我不小心……；麻烦你让我一下，谢谢……） ③做作业时，写字姿势要规范。	①自己制订作息时间。 ②督促自己及时订正作业。
4 年级	①能主动帮助别人。 ②大胆发言，大胆质疑，声音响亮，态度大方。 ③做作业能正确使用修改符号，不使用修正带或修正液，保持作业整洁。	①学会自己整理房间。 ②学会清洗自己的衣物。
5 年级	①合理支配时间。 ②学会倾听，不随意插嘴。 ③虚心接受老师和长辈的建议，不起哄，不顶嘴。	①学会自己整理房间。 ②坚持正确洗手。
6 年级	①安静自修，养成良好的阅读习惯。 ②保质保量完成作业，在规定时间内上交。 ③课堂上积极参与，大胆响亮地发言。 ④虚心接受老师和长辈的建议，不起哄，不顶嘴。	①能自己合理安排学习时间。 ②做简单的早餐。
7 年级	①有良好的听课、作业习惯，并养成勤记笔记的习惯。 ②正确处理好异性交往，迈好青春第一步。 ③虚心听取老师和家长的教诲，知错就改，敢于担当责任。	①管理好自己的学习，并学会自主学习。 ②帮父母做一些力所能及的家务，在家庭中承担一点责任。
8 年级	①尊敬师长，尊重他人，不欺负弱小。 ②有较强的规范意识。 ③专心听课，积极参与，独立认真完成作业。	①合理安排学习时间，做学习的主人。 ②做简单的家务。

续表

年级	习惯目标	能力目标
9 年级	①有自己的目标，并能为实现目标而努力。 ②有接受挫折的勇气。 ③不欺负弱小，能在学校中起到表率作用。	①积极参加志愿者活动。 ②能主动探索解决困难的办法。 ③能与父母换位思考，在家庭中承担责任。

（三）专项教育

专项教育主要是法制安全教育。法制安全教育是学校教育的重要组成部分，它常常会因空和大，因不能完全符合学生的年龄特点，缺乏层次性、连贯性，缺乏整体思维而流于形式。基于这样的考虑，安吉路实验学校利用九年一贯的办学优势，对教育内容和形式进行科学编排，并指导各年级妥善安排、精心组织，从而形成了九年一贯的法制安全教育体系。（见表 3-5）

表 3-5　法制安全教育系列

年级	法制教育内容	安全教育主题
1 年级	讲究文明礼貌，遵守公共秩序 国旗、国徽、国歌与首都是国家的主要标志 学校行为规范童谣	防火安全
2 年级	严格遵守规则和法律 爱护动植物，保护环境 学校行为细节底线	环境安全
3 年级	做遵纪守法的小公民 法律对未成年人生命健康权的保护 中小学生行为守则	地震自救安全
4 年级	了解违法和犯罪 道路交通安全法 学校章程	交通安全

续表

年级	法制教育内容	安全教育主题
5 年级	宪法是国家的根本大法 维护国家统一和民族团结 小学生日常行为规范	知法守法安全
6 年级	远离不良行为 未成年人的家庭保护和学校保护 未成年人保护法	自我保护
7 年级	法律对未成年人受教育权的保护 远离毒品 中学生日常行为规范	防毒安全
8 年级	远离网瘾 热爱我们的国家，珍惜我们的权利 预防未成年人犯罪法	网络安全
9 年级	法律对未成年人人身自由和人格尊严的保护 增强安全意识，提高自我保护能力 国家宪法	交友安全

（四）家校共同体建设

学校秉承“德育为先”的办学理念，注重师德建设，不断提升班主任专业水平，加强家庭教育（简称家教）指导工作，通过家庭教育指导推进学校内涵式发展，积极拓展九年一贯家长俱乐部、亲子活动、家长 QQ 群、家长开放日、咨询日、家访、家长课堂等家校合作途径，创新家长会，开放家校合作形式，构建家校共同体，努力形成以“家校联手，共育全人”的德育新模式（见表 3–6）。学校还积极发挥家长学校功能，对家长开展多层次有效的家庭教育指导，充分利用智慧家教直通车，对家长进行家庭教育的培训引导。完善学校家庭教育论坛，推荐家教好书、家教好文、家教好法。定期开展智慧家长活动，在家长撰写家教经验的基础上，进行智慧家长的评选，鼓励家长交流家庭教育的心得和经验，盘活家教经验。

表 3-6　家校共同体活动一览表

载体	时间	特点
家长俱乐部	小小俱乐部时间	每周小小俱乐部时间，家长志愿者轮流进入校园，发挥自己的特长，为孩子们送上精彩的课程。家长俱乐部已经成为孩子们每周最期盼的一堂课，取得了非常好的效果。
家长会	每学期一次	对家长会进行了改革创新的探索。分层家长会、主题式家长会、沙龙式家长会、开放式家长会、活动式家长会及网络式家长会等形式多样的新型家长会受到了家长的一致肯定，被家长津津乐道，也取得了良好的沟通和指导效果。
亲子活动	每学年一次	近几年来，在“亲子间沟通技巧性研究”课题研究的指导下，每个学年每个班级都会由家委会组织，自主举行一次全班学生及其家长共同参与的亲子活动。
智慧家教直通车	每学期至少一次	针对一年级新生，开展“你准备好了吗?”讲座；针对当下家庭教育现状，开设“祖辈教育”专题讲座；针对中高年级学生年龄特点的不同，分别举办“激发孩子持久的学习动力，培养孩子的感恩之情”讲座；针对九年一贯学制特点，进行中小衔接主题培训；根据学生青春期年龄特点，举行青春期亲子教育培训，这些均已成为家长学校菜单式培训的固定课程。
家长开放日	每年 5 月	开放课堂，开放活动，向家长展示孩子在校的学习表现，让家长全面地了解孩子。
家长课堂	不定期或定期开展（具体视班级情况而定）	各年级各班级根据学生的年龄特点和学习的需求，结合家长的教育资源，在班级或年级里开展适合学生的活动，弥补学校教育的不足。
校长接待日	每周三下午	家长、老师可以与校长当面交流。

几年来，学校充分发挥家委会的领头羊功能，让各级家委会带动班级其他家长共同进步。同时，学校还不断发现和挖掘家委会群体中的优秀力量，盘活整体资源，让他们引领 9 个年级家长的成长。

在安吉路实验学校，还能看到一道亮丽的风景，那就是学校的“讲师团”队伍正在逐渐地壮大。“讲师团”里除了有传统的专家、领导、教师外，还有一大批家长代表。在学校看来，人人都有他的专长，人人都能为孩子的成长添砖加瓦。安吉路实验学校正在探索趣味化德育方式，其中，家长课堂是一个典型版本。

课例一：

2015 年 12 月 6 日，105 班迎来了一个特殊的讲师，他就是傅同学的爸爸。他为全班同学带来了一堂专业的洗手知识课，教同学们如何正确洗手，做好个人卫生防护，健康度过冬季。傅爸爸通过生动的 PPT 演示，告诉同学们洗手的意义、洗手的关键步骤、正确规范的洗手方法和洗手后的注意事项。傅爸爸发给每位同学一张洗手示范图，并现场示教了“7 步”洗手法，讲述了“内外夹攻大力丸”7 字洗手要诀。同学们都学得非常认真，边听边跟着做动作。课后表现优秀的同学都获得了一份精美的小礼物。通过这堂课，同学们都掌握了正确的洗手方法，认识了洗手的重要性，为冬季健康防护打好了基础。

课例二：

2015 年 12 月 4 日，503 班郑同学的爸爸也加入了“家长讲师团”，他今天要给孩子们上的一课是《创新的力量和创新的轨迹》。郑爸爸从古代因国家不强调创新而使国力变弱，被动挨打，导致民不聊生；再谈到现代的创新实例：苹果手机、淘宝、滴滴打车、优步等成功案例；最后，郑爸爸呈现了自己作为企业家创业的坎坷以及最后因一点点创新收到的巨大效益，以现身说法赢得学生的阵阵掌声。郑爸爸针对 5 年级的学生，还深入浅出地谈了创新的轨迹，创新不是坐等而来的，需要打好基础、做好功课等。下课时，郑爸爸还跟全班同学一起快乐分享了他们企业的鱼豆腐和鳕鱼丸等畅销产品。整节课学生听得都很专注，对郑爸爸的创业过程很是钦佩，对自己的未来也充满期待。

以上两个课例呈现的是小学低段和高段的家长课堂活动案例。对于家长进课堂活动，学校管理者有这样的几点思考：

一是非专业性与有序课堂。几乎所有上课的家长都不是专业教师，他们没有进课堂组织教学的经验，所以在进课堂时，他们会表现得有些紧张，对课堂上学生的反应难以得心应手地驾驭。因此，需要班主任协助管理，做好组织工作。

二是自由发挥与规范管理。家长进课堂活动普遍受到学生的欢迎，因为上课内容比较接近于生活，与日常学生的学习活动有较大的差异，活动趣味性很浓，学生很愿意接受，但容易缺乏序列，缺少规范管理，因此，需要提早计划，整体安排。

三是注重实践与实践价值。由于家长讲师都是非专业教师，活动中往往会很注重让孩子们进行动手实践，但往往会以设计实践活动环节为最终目标，对实践意义的认识常常不足，需要教师在课前对投入大量时间的实践活动进行把关和指导。

四是个体分享与平台搭建。很多家长进课堂活动，得到孩子们和教师的普遍认可，学校需要为他们搭建平台，使其在更大范围内得到分享，让更多的孩子受益，全面提高学生的整体素养。

可见，在安吉路实验学校，家长课堂由家长唱主角，但并不是任由家长自由发挥，因为它也属于教育整体中的一部分，需要有规划、有指导、有实施、有反馈、有提升。

家长进课堂，大大拓展了学校的德育领域，提高了德育效果，九年一贯家长进课堂体系的梳理，规范了家长课堂的要求，避免了各年级各自为政的混乱现象的发生。

三、全面开发九年一贯德育策略

（一）壮大德育队伍

学校、家庭、社区就像三个相互咬合的齿轮（见图 3-1），是相互推动的一个整体。因此，除了切实用好学校、家庭、社区中已有的资源外，还应不断发现新的德育资源，积极借力，努力让合力发挥更大的效力，以持续提升德育队伍的德育能力。

图 3-1　学校、家庭、社区关系

几年来，学校积极开发家长课堂，推进家委会的培训，完善学校年级组长、班主任的培训，并努力与校外德育基地密切联系，让社区和其他校外教育力量为我所用。

近年来，学校建立了家长志愿者的人才库，不断搭建分享平台，为培养全人学生创造条件。

（二）创建和谐氛围

多年来，学校积极创建安全的，具有支持性、挑战性的德育环境，鼓励各年级各班在学校办学宗旨的指引下，积极创新地开展工作，并为全体德育教师提供多样的学习机会，“请进来”“走出去”成为安吉路实验学校教师提升工程的新常态。除此以外，学校非常重视本校教师的同伴引领和同伴互助，全面开放，让每个教师都能在不同层面满足业务提升需求。

为提升家长的家教水平，学校专门收集整理了家长在家教中的困惑和意见，作为后阶段家长培训的主题。同时，也到各班家长、教师中发现家教理念、家教水平比较突出的家长，让他们分享成功的家教经验，并把家长这最草根的分享汇集成册——《为梦想加油》。这成了安吉路实验学校家长手里的一本育人工具书。

（三）丰富德育形式

九年的德育目标要分阶段完成，而各阶段的目标需要通过不同的德育形式来完成。为让德育更加高效，学校提倡各年级各班的德育教师充分发挥团队的聪明才智，让德育活动更贴近学生，更容易让学生接受。因此，在几年的探索实践活动中，学校调动各种资源开展寓教于乐的德育活动，比如班级根据自己的德育阶段目标制订班级公约，使班级公约用于实处，成为评价和制约学生的标准。为激励各班学生积极向上，班级设计和制作班旗，并让表现优秀的班级在周一晨会上升班旗，这大大增强了班级的凝聚力。学校用绘画的形式表现《中小学生守则》《中小学生行为规范》的内容，并尝试用一个个鲜活的生活场景来表现抽象的社会主义核心价值观。而公共场所提示语的征集、筛选、配图、上墙等活动，大大提高了德育的趣味性和有效性，深得学生喜欢。

（四）完善评价体系

“德、智、体全面发展”“德育为首”已经提了多年，而在现实中，应试教育、智力教育仍然是主流，过于关注学生的考试分数，在很大程度上忽视了对学生进行真正的道德教育，这显然与素质教育的要求相违背，难以适应“全人”的培养。面对这种情况，学校迫切需要创建新型的德育评价体系。在评价中，从关注点状评价转为关注连续评价，更加注重行为和过程，目的在于改进而不是甄别，手段更加多样，以全面呈现学生成长的轨迹。新型学生德育评价体系应当包括紧密联系的三个机制。

一是全面评价制。设立一份专门的德育评价体系记录表，对学生的道德品行进行信息储存。与传统的只有老师对学生的思想品德评语所不同的是，在每学期的学习报告单上，可以看到学生自己对一学期表现的评定，还能看到学生对同伴的话、家长对孩子的评语和老师对学生的全面评定。

二是德育学分制。各班利用班级日记、班级博客、家长 QQ 群等新型平台，记录当天或近几天发生的具体事例，而非总结性的评定，将德育评价体系中所记录的可评价的实践行为进行定量、定质但不定性的科学打分，形成德育学分制。德育学分可作为学生评奖、升学的重要参考。

三是多向监督制。因为学校的办学宗旨是培养优秀的社会公民，因此，德育评价体系必须走出学校的大门，与社会实践充分结合，不但记录和评价学生在学校中的行为表现，对学生在社会日常生活中的行为也应该进行记录和引导。充分发挥学校、家长和学生各方力量，把德育评价体系建成一个平等互动的体系，带动家长和学生自身的自主参与，而不是传统的单向评判监督方式，使学生自己主动规范自身道德行为，而不是被逼着或监督着去执行。

安吉路实验学校九年一贯德育体系的探索和实践持续了二十多年，积累了很多经验，一批批的学生从该校毕业，从懵懂的幼童到风华正茂的中学生，九年的一贯德育，为学生的成长奠定了厚实的道德行为基础，学校的德育形式、方法也随着学生的变化和时代的发展同步提升。

第四章　应对城镇化的容融教育

在城镇化进程中，流动人口由原来的独自迁徙逐渐演变成携带配偶、子女等举家迁徙，流动人口子女的城市融入问题已经成为当今社会不可忽视的问题。解决流动人口的社会融入问题，教育是主要手段，学校教育是实现他们融入当地主体生活的必要途径，特别是九年一贯制学校可以提供长期、连续、系统的教育，通过容融教育，帮助学生在成长中融入城市。所谓容融教育，是一种为满足新城镇化产生的教育新需求而创新的公共性全纳教育模式，主要特点在于分层教学、分类推进、关注需求差异、注重合作。

一、在现实与理想中，生成容融教育理念

明珠实验学校从 1999 年 9 月办学迄今，已经有 7000 多名学生从学校毕业。目前，学校有来自全国 28 个省份的 3354 名学生，含 16 个民族的少数民族学生，全校班级数为 80 个。现在，在校就读学生已经是第二代、第三代外来务工人员子女，被称为“新杭州儿童”。他们籍在故土，生在杭州，身上很难看到农村的痕迹，与城市的融合又有许多隔阂，是一群处于城乡接合部的学生。明珠实验学校的办学也走在传承和发展并行的路上，教育也已经不再是单纯地满足家长和学生“有书读”，更多的是静心于思考如何给予学生适合他们成长的教育。

学生来自天南海北，基础和习惯差异明显，与人交往不自信，升学目的不清，过早出现社会问题……面对这些办学难点，“从哪里来”“到哪里去”，这两个问题成为学校发展规划的根本性问题。

为此，学校在秉承原有办学精神的基础上，补充了“从生命走向生存，从生存走向生活”的办学理念和“容短促长，为做人奠基；以长融短，为梦想引路”的办学精神，并从学校的自身特点出发，提炼出以“知识启迪智慧，教

育照亮人生；职业规划未来，技能立足社会”的九年一贯的办学思路。学校进行原有办学条件的优劣分析，扬长避短。在校园环境、教育体系、教育对象、课程衔接等方面，利用九年一贯制的办学优势，建构自身的容融教育体系，使得明珠实验学校的学生有良好的教育起点得以融入，终点实现融合。

容融教育的办学理念逐渐在明珠实验学校的教育发展中形成。容融教育的内涵是——容：包容，容纳，为“全纳教育”之注脚；融：融合，融入，为“新杭州人”之定义。

在此基础上，学校提出了“三个转角一愿景”的办学目标。

转角一，实现学校办学从“去上学”到“去学习”的转变。“去上学”是一项权利，是基于个体成长的必经之路；“去学习”是基于好奇心和想象力的一种本能冲动。这样的转变是为师生寻求一条成长的本真、本色之路。

转角二，实现学校教学从“求分数”到“求多能”的转变。“求分数”是一种片面的教育质量观，是学生升学的一种诉求；“求多能”符合现今社会对人才的新要求，是学生全面发展的新需要。这样的转变是为指引学校价值追求和引导教学思想转变的华丽转身。

转角三，实现学生从“求学历”的单一追求到“学历与技能”双赢的转角。这能让所有学生在学历和技能上均各有所取、各有所获，并能得以各美其美，使得学习价值更接地气。

一愿景，在当下唯分数教育的情况下，让学校教育在“有美好”和“有未来”的愿景中看到教育的极大自信和崇高。心存敦厚与美好，走出一条新的社会培养新人之路。

二、在塑型与树魂中，奠基容融文化

作为城市的新市民，明珠实验学校的孩子很有可能成为城市服务行业的主群体，这些孩子的气质将会决定杭州这座城市未来的气质，从明珠实验学校走出来的学生的素质必须与杭州这座美丽之城的气质相融相匹。但是，由于家庭环境和社会环境等诸多因素的影响，外来务工人员子女不仅存在卫生习惯差、情感融通有障碍、自卑心理严重、规则意识不强、法律意识淡薄等问题，而且原本农村孩子身上应有的吃苦耐劳的精神也在逐渐消失，这些问题都导致他们难以融入城市生活。

塑型先变形，孔子云："不学礼，无以立。"学校从着装穿戴、发型入手，塑造干净、阳光的学生形象。学生处制定《学生行为规范标准》，对学生的校服卫生、个人卫生、男女生发型等做了具体要求，定期检查，一经查实有不符合要求的必须立即整改，检查结果纳入班级考核表。在家委会的主导下，重新设计学生的校服，采用竞标方式确定价格，选择更富有时代气息和城市气质的布料、款式，替代原有布料差、制作粗糙的校服。用色彩差异区分小学低段、高段、初中三段。学生统一穿校服上学，着装不再显示身份差异，促进了学生交融。

同时，学校加强学生的卫生教育。明确"养成良好卫生习惯，提高学生卫生意识"的德育工作要求。分三阶段对学生进行卫生习惯养成教育，即小学低段个人基本卫生教育，小学高段集体卫生、用眼卫生、饮食卫生教育，初中青春期卫生教育、公共卫生意识教育。如今的明珠实验学校校园干净整洁，校园环境与城区其他学校无任何差异，学生健康干净，个人形象也常让外来者称赞。

学校除利用晨会、班会课、学科教学加强学生的公共空间意识的教育外，还在校园所有公共场合安装了监控，定期通过监控巡查学生在校园公共场合的行为，及时反馈学生打闹、喧哗等情况，纳入班级考核。学校还组建了"小小警察"，在各种集体外出活动中，小小警察们协助学校一起参与学生的公共场合行为管理。硬件、制度、监管、教育等多种手段并行，让明珠实验学校的学生基本能做到安静观看各种演出，公共场合小声交谈，有序地等候排队，不随意追逐打闹。

学校通过开展"大手拉小手"的系列活动，让更多的人参与到孩子的成长过程中来。校党支部每学年开展一次"百名教师进千家"的家访活动，了解学生的家庭情况，结合学生在校情况，实施党员教师"一对一"的帮扶活动，要求一名党员教师结对一名学生，关注帮扶对象的学习生活情况，引导学生改变一些不良生活习性，让学生的问题能及时发现、及时解决。

同时，让家长、社会人员共同参与进来，合力来引导孩子，使他们更好地发展自我。学校每年都要组织“摸手寻亲”“家庭踏青”等亲子活动，父母与子女在学校搭建的各种平台上再相聚、再相知。在2015年校艺术节上，一对父子共同演唱的《时间都去哪儿了》让在座学生家长热泪盈眶。学校以各种活动来消除家长与孩子之间的隔阂，也让家长知道了孩子是多么渴望父母的陪伴，不希望自己的家长缺席他的成长。学校的团组织与浙江大学、浙江工业大学的大学生志愿者团体结对，开展系列的节假日互动式活动，使学生有机会经常与大学生们一起参加一些社会公益活动。学校组建的一些志愿者小分队，也经常到车站、社会等地方活动。学生亲历了这些大大小小的活动，城市的主人翁意识更强了，城市归属感这颗种子也在内心深处渐渐生根、发芽。

榜样与成就的激励，是培养学生学习动机的有效手段。在一次开学典礼上，老师学生齐动手，登爬梯，忙得不亦乐乎。他们在干什么？摘石榴！1个1年级小男孩一口气摘了3个，还想摘更多的他迟迟不愿下梯子，引得老师连哄带劝将他抱了下来。给学生们带来这么多欢乐的校园石榴树是从哪里来的呢？原来，在2002年9月开学典礼时，学校组织了全校师生参与的“共撒五色土，同植一棵树”活动，当年种下的石榴树，如今已在校园围墙边蔚然成荫。“我自己都没想到，这事儿差不多都要忘了。今天回学校才发现，无心插柳柳成荫，这些树已经长得这么高，并且结了这么多石榴。”种植石榴树的校友小袁品尝着石榴若有所思地说，“学校邀请我回来分享果实，我感觉自己还是学生，分享更是一种成长和教育的持续。”现在的小袁已是扎根杭州的“新杭州人”，他自主创业开办了汽车租赁公司，他的业务正在走向正轨。“当年种树，我们每个参与的同学都从自己家乡刨了一撮泥土过来，覆盖在种子上。现在我感觉当时种的不只是树，也是自己：来自异乡，扎根杭城，努力生长。”已经成功融入城市中的学长们以自己的经历告诉可爱的学弟学妹们，学校有历史、有故事，学校很美丽；明珠实验学校不只有现在的他们，还有很多曾经的、将来的学子，他们都是学校的一员，也是这座城市的一员，明珠实验学校的学生在未来的城市生活中不会都是游离的，而将是有机的组成部分。

树立自信是学校容融教育的心理根基。任何一种教育的有效实施都是建立在学生自信基础上的。流动人口子女自信心不足，不少学生不善交往，个别学生甚至自暴自弃。学校要求每个阶段必须开好一次主题教育活动，小学低段“方言大比拼”、小学高段“说说我的家乡”、初中“找找你、我、他的优点”，让学生分享身边的趣事，寻找心理的平衡点，感受城市的大度宽容，相互交流，增进了解，促进彼此欣赏、互相取悦。学校几乎每月都有全校性的主题活动：一月的迎新文艺会演，三月的体育达人赛，四月的多米诺挑战赛，五月的校园合唱大赛，六月的初三毕业典礼，十月的达人赛，十一月的运动会，十二月的嘉年华。精彩纷呈的活动大大丰富了学生的校园生活，提升了学生的自信心。

外来务工人员为了能在城市生存下来，迫于生计，要忙于工作，往往无暇顾及孩子的生活教育，甚至有些夫妻双方长时间不在杭州，出现不少城市留守儿童。加之家长文化素质普遍不高，不知道如何教育孩子，互动教育意识不强，缺乏亲子式家庭教育观念，出现了孩子不信服家长的教育、家长不清楚孩子问题的根源等现象，这也给外来务工人员子女的城市融合教育带来了困难。这些实际情况迫使学校必须承担起家长的教育职责。明珠实验学校成立家长学校（杭州市骨干家长学校）、家庭教育指导站（下城区五星级家庭教育指导站）。家长夜校经常开展“未成年少年的心理干预”“心理问题矫正”“学生好习惯养成”等家庭教育指导的学习活动，这些接地气且实效性强的课程，得到家长的高度认可与好评。每次学校的夜校开班时，家长都早早到校、认真听讲，积极与上课教师互动交流。新生家长会、期中家长会、期末家长会更是学校对家长的家庭教育进行集体指导必不可少的环节。学校还利用市区两级平台，为家长提供各类家庭教育的培训机会。随着家长的日益年轻化和学校对家庭教育指导的加强，学生家庭教育不佳的现状得以逐步改善。

三、在多元与个性中，构建容融课程

在新一轮的课程改革中，学校的教学已经从关注“怎么教”转向“教什么”。明珠实验学校在追求多元与个性中，在容融教育体系下，构建容融校本课程框架。容：在课程教学中注重“包”，意为包罗，为“丰富课程”之解释。在国家、地方、学校三级课程的管理下，严格按要求开设国家课程和地方课程，充分利用各种资源开发校本课程，逐步开设一些适应不同学生个性特点、能力倾向和自身发展需要的特色课程、品牌课程，为全体学生创设求知成才的发展空间。融：在课程教学中注重“合”，意为整合，为“特色课程”之诠释。

容融校本课程重在构建提高学生文学素养的语言文字课程、增强学生卫生意识的礼仪课程、提高学生艺术修养的科技艺术课程、提高学生生存能力的生命课程、增强学生法律意识的法制课程、提高学生情绪调节能力的心理课程、促进学生民族情感沟通交融的统战课程等七大课程体系，以社团活动课程化为手段推进容融校本课程建设。

容融教育的课程设置有三大追求：

一是注重基础性课程建设的实效性。利用九年一贯制优势，学校基础性课程落脚于中小一体的教研，让小学教师知道知识到哪里去，让初中教师知道知识从哪里来。重新整合学科教学内容、教学要求，明确小学基础课程的学科教学重点即学科核心知识、初中继续学习所需知识，重视基础学科学习习惯的培养，研究中小重复、衔接部分学科内容的知识、能力等阶段性要求。针对学生学情不盲目拔高、不加大学习难度，真正做到教师更明白地教，学生更明白地学。初中着手做好初高衔接，实施分层教学。重点做好普职衔接，对于有升职高要求的学生，强化美术、音乐等非统测学科教学，降低语文、数学、英语等学科的教学难度。

二是注重德育活动的课程化、系列化。学校以“规则意识、尊重意识、公共空间意识、生命意识”四个意识来统领学校德育课程实施方向。不断拓展新德育空间，在真实的教育中探究和创新，致力于探寻一条适合外来务工人员子女发展的德育新路径。制订了有衔接、有延续、可持续的“百步阶梯”德育工作计划，分阶段从学校礼仪、家庭礼仪、社会礼仪三个方面对1~6年级学生进行礼仪教育，对7年级学生进行爱校教育、爱家教育、遵守社会公共道德教育、中华民族传统美德和革命传统教育，对8年级学生进行青春期教育、心理健康教育，对9年级学生进行知法、懂法、守法教育，以此来提高学生的文明素养，提升学生的城市生存能力。叙事德育，重感恩教育：通过《我和学生的故事》《我和孩子的故事》《我和老师的故事》及《明珠的故事》等叙事的方式，进行“走进真实、呈现真诚、感悟真情”三部曲的探究；“四子四女”，创德育品牌：通过评选“孝子孝女”“才子才女”“君子淑女”“美男子美女”，树立学生自信、自立、自主的阳光形象；亲子教育，走专业路线：在“快乐亲子坊”家庭教育亲子活动基础上，开设明珠家长课堂，提高家长亲子陪伴能力，改善亲子关系；“孝行五个一”活动：每天对父母有一句温馨的问候，每天为父母递上一杯热茶，每天和父母沟通交流一次，假期中学做一次饭，假期中为父母真诚服务一次；主题班会活动中父母与子女芥蒂消除后的相视一笑，郊外一起出游父母与子女难得相处的开怀一笑，运动场、文艺演出等活动中共同完成任务的欢快一笑，这些笑声拉近了学生与家长之间的距离，增进了家庭的融合、学生与学校的融合。明珠实验学校在开学第一天，将诵读《大国民》作为学生开学伊始的第一课，以培养学生时刻保持宽容、大气，懂得理解、尊重与兼收并蓄的大国民心态、新城市市民心态。

三是注重拓展课程的针对性。明珠实验学校的家长和学生户籍在农村，法律观念相对缺失、淡薄，过去在校学生及毕业生的违法违纪事件屡屡发生。为了丰富学生的法律知识，杜绝学生违法事件的发生，做实、做好法制教育工作，学校开设了法制教育校本课程，并将其作为学生的必修课程。从小学 4 年级开始，开展系列普法教育，到了初三，设立法制课程，分 9 节内容，共 12 个课时，分别为“《公民道德建设实施纲要》学习”“未成年人的权利和义务”“什么是违法”“什么是犯罪”“《中华人民共和国未成年人保护法》学习”“《中华人民共和国环境保护法》学习”“《中华人民共和国道路交通安全法》学习”“《中华人民共和国国旗法》学习”“学法用法模拟法庭”。另外，学校还邀请公检法等司法人员多次到校进行案例法制教育，开展“远离犯罪，健康成长”“禁毒教育”“校园欺凌事件案例分析、警示和自我保护教育”等主题讲座。

同时，学校还积极参与各种普法活动。与街道组织初中学生参观杭州市戒毒所；在杭州市司法局举办的关于小学生校园法治生活实践的调研活动中，举办以“美好童年法治相伴”为主题的下城区小学生校园法治生活实践研究项目现场会；“春夏秋冬，法在心中”法治展示课等活动深受各界领导、与会人员的一致好评。

在杭州市教育局联合杭州市普法教育依法治理领导小组办公室、杭州日报报业集团举办的“法在心中”杭州市中小学生法律知识网络大赛中，2~9 年级学生在各班班主任老师的组织带领下，做到了百分之百注册，百分之百用心学法，百分之百参加考试。通过初赛、复赛，最终在杭州市一、二、三等奖共 500 人的名单中，明珠实验学校有 240 位同学获奖。法制教育的成功实施促进了校园内外环境的改善，原来经常发生在校园内的打架之类的事不再发生，学生在外小偷小摸的违法行为也没有了，过去由于校内学生引来社会不良青年在学校周边敲诈的现象也绝迹了，家长对学校的周边环境更认可了。

为了提高学生的艺术修养，学校组建了剪纸、衍纸、线描、街舞、健美操、现代舞、排舞、笛子、彩铅、杭州滩簧、演唱与指挥、口琴、电子琴、篆刻、中国象棋、葫芦丝、合唱团、校园电视台、航模、建模等社团。学校将社团建设课程化，强化社团的教育教学功能。采用教师自主申报课程，学校开发选课系统，学生自主选课，社团教学日益规范，学生对社团课满意度逐年提升。各社团在提高学生修养的同时，获得了各级奖励和社会好评：杭州滩簧是省级非物质文化遗产立项课题；剪纸社团成了区精品社团，开发出了剪纸校本教材；校合唱团获得过省合唱节比赛银奖、杭州市中小学生艺术节合唱比赛（小学组）二等奖；校舞蹈社团获得区第九届中小学生艺术节舞台群舞专场小学组一等奖；健美操社团获得市第 37 届小学生三跳比赛大众健美操三等奖；学校先后被评为浙江省民间美术家协会基地、浙江省外国语美术学院文化创意基地，美术教育获得了 2015 年杭州市艺术监测第四名的佳绩，美术社团获得杭州市中小学生艺术节工艺集体比赛（初中组）三等奖。

学校的艺术教育也得到了社会各界的关注，西湖之声广播电台、浙江报业集团、浙江省群众艺术馆、浙江省舞蹈家协会、杭州市爱乐乐团、杭州市文联、杭州市音协、ID 酷街舞机构、七巧科技系列活动全国组委会、区少年宫等多家社会单位、爱心企业为社团的建设长期免费提供设备及师资力量等支持，为外来务工人员子女搭建了一个汇聚真情、传递爱心、互助双赢、共享梦想的平台。

四、在职业与成长中，创造容融价值

习近平总书记在2014年的全国职业教育工作会议中指出："要树立正确人才观，培育和践行社会主义核心价值观，着力提高人才培养质量，弘扬劳动光荣、技能宝贵、创造伟大的时代风尚，营造人人皆可成才、人人尽展其才的良好环境，努力培养数以亿计的高素质劳动者和技术技能人才。要牢牢把握服务发展、促进就业的办学方向，深化体制机制改革，创新各层次各类型职业教育模式，坚持产教融合、校企合作，坚持工学结合、知行合一，引导社会各界特别是行业企业积极支持职业教育，努力建设中国特色职业教育体系。"[①] 明珠实验学校尝试将职业教育下延至义务教育阶段，希望在职业规划活动的推进中，努力做到学校教育能满足学生个性化的自我发展需求，有更多优秀的学生脱颖而出，结出不一样的丰硕果实。

依据学校的实际学情，采用分层教学、分类推进的策略，开展职业规划校本教育。小学和初中7、8年级主要强调技能教育，在教学内容上，尝试将职业能力教育与学科教学相结合，培养学生的文字和语言运用能力、数学运用能力、空间判断能力、形体知觉能力、颜色分辨能力等，不同阶段有不同的能力要求；9年级注重学生的职业规划教育，有序推进"普职融合、普职衔接"实践研究工作。

为更好地培养"工匠气质和工匠精神"，学校在楼道上按照"我的职业我做主，我的职业我经历，我的职业我追求，我的职业我驾驭，我的职业我创造"五个板块分别对职业教育的门类、杭州各职高优势专业以及就读职高以后的录取职业院校和就业方向进行介绍，时时向学生无声地宣讲如何规划自己未来的职业，让学生不出校门就早早地对中职教育有一定的了解。

学校充分利用杭州优质的中职教育资源，请各大职高教师进校招生宣讲，

① 加快发展职业教育，让每个人都有人生出彩机会 [N/OL].（2014-06-24）[2016-03-16]. http://news.xinhuanet.com/politics/2014-06/24/c_126663097.htm.

职高的职业导师到校为学生进行职业生涯的规划；开展“职业体验之旅”活动，在杭州市开元商贸职业学校、杭州市电子信息职业学校、杭州市旅游职业学校、杭州市服装职业高级中学、杭州市美术职业学校、杭州市人民职业学校、杭州市交通职业高级中学等职业高中的支持下，每位有职高升学意向的初三学生可选择两所职高，在每所职高选择两个专业进行职业体验。每次体验为期一天，学校统一安排时间，组织学生到相应职高学校进行“学校专业了解、校园参观、文化学科学业体验、实训基地操作”等体验，学生体验回来，上交体验表。体验表分两部分，一部分在体验前填写，分自我认知（我想干什么）、职业认知描述（我能干什么的初认知）、职业计划决策（职业鉴别、目标）三环节；另一部分体验结束后填写，包括体验过程的记录、体验感受的描述（专业的再认识）、规划评估调整（我能干什么的再认识）。班主任指导学生填表，并在体验结束后召开主题班会，组织学生进行班内交流，分享心得，使得学生对每所学校、每个专业有更全面的了解，不再盲目、被动地选择继续学习的学校、专业。同时，职业体验之旅也大大激发了学生的学习动力，体验结束后教师普遍反映学生学习更自觉了，认为学校职业体验活动的开展宜更多、更早。

教师是教学活动的主导，为了提高教师的职业教育意识和教学能力，学校邀请各职高优秀教师到校对教师进行集中培训，同时选派教师到职高学校进行体验学习；与杭州职业技术学院开展全员教师培训合作，依托高校资源对教师进行课程开发的理论与实践培训。学校职业意识先行、强化引导教师参与、依托职高专业导向、引进高职院校培训的举措，让教师对职业教育的内涵和外延有更多、更深入的理解，让教师认识到我国现代意义上的职业教育是人终身学习的重要部分。

家长是孩子最好的老师，也是学校教学的重要资源。明珠实验学校的家长绝大部分都是在服务行业工作，他们虽然没有经过系统的职业技术学习，但有着丰富的职业经验。学校邀请各行各业的家长走进校园给学生授课。药材仓库员指导学生如何从形状、色差、气味来识别食用药材是否合格；红酒销售员从包装、口感定位红酒的优劣；餐饮从业人员教授如何制作水果拼盘；水电工讲解如何安全使用各种电器；缝纫工教孩子如何缝制香囊；服装销售员教孩子如何搭配穿着……在学习的过程中，孩子们不仅对一些社会职业的工作性质有了更直观的认识，而且通过这些家长的熟练操作和实用技巧介绍，孩子们对自己今后选择的职业教育更加憧憬。

经过这几年的努力，学校的办学质量逐渐赢得了家长的认同，最明显的体现就是在小升初的选择上，学生的流失率逐年递减，2016 年小升初的流失率为零。随着学校生源结构的不断好转，学校帮学经验的丰富，学校的声誉也越来越好。

文化不是写在墙上的，也不是写在制度的文本里，文化是灵动的。容融教育文化，它是在明珠实验学校这个特殊群体语境下师生一起成长的精神历练与精神象征，具备感召、影响、熏陶、引领等鲜明的价值元素，在学校的发展历程中不断沉淀与彰显。在容与融的过程中，期待两者结合而发生变化，进而赋予学校新的教育生命，为明珠实验学校的教育插上翅膀，使得校园内外那面无形的墙也随之坍塌。

第五章　面向国际化的“121”课程

“121”课程是杭州市大成岳家湾实验学校面向国际化的教育创新实践。大成岳家湾实验学校实施分阶段的四年制初中教育：第一年为中小衔接期（预备期），第二年、第三年为初中发展期，第四年为自主发展期。针对不同阶段开发建设的校本课程体系就是大成“121课程”。

一、顺应趋势，树立内涵

全球化时代，教育国际化是必然趋势，也是推动教育发展的重要力量。正因如此，国家和各级地方政府积极推行教育国际化。《国家中长期教育改革和发展规划纲要（2010—2020年）》提出：“开展多层次、宽领域的教育交流与合作，提高我国教育国际化水平。”杭州市政府推出了《杭州市推进教育国际化行动计划》，提出“以教育开放促教育改革，以教育国际化促教育现代化，丰富和扩大教育国际交流合作，完善教育公共服务体系，服务经济社会发展和公众需求，提升杭州教育品质”，要求立足杭州，放眼世界；服务城市，服务公众；开放教育，创新教育；差异发展，特色发展。

同时，教育的国际化给大成岳家湾实验学校带来了现实的需求和挑战，最重要的表现是：出国学生低龄化、提早化。每届初三年级，约有15%的学生参加国内高中国际班或AP[①]班的考试并被录取，有的甚至直接参加国外的高中考试。

为了顺应时代和自身发展的要求，大成岳家湾实验学校提出了“现代化、国际化、个性化”办学愿景，旨在传承原有文化、统筹教育资源、把握发展契机、提升学校品牌，致力于建设具有“国际意识、国际视野、国际理解”的学校。国

① AP：The Advanced Placement Program，即美国大学学分前置课程。AP课程的目的在于，利用高中最后一年免费教育的时间，提前完成一些美国大学的学分课程及考试。

际意识强调开放的心态，国际视野强调广阔的视角，国际理解强调平等的交流。

国际化教育主旨在于培养国际化的人和实现人的国际化。丰富多样的选择性是国际化的重要内涵。于教育而言，就是给学生提供多种多样的课程设置、教学内容、教学方式，为学生提供多样化的选择可能，满足学生的选择需要。因此，学校发挥一贯制优势，以“121”课程为抓手，通过提供多样化的教育选择，从内涵上提升教育国际化水平。

二、确立目标，打造体系

基于信息社会特征、国际化发展趋势和各级政府在教育现代化方面的战略部署以及独特的文化积淀和持续发展的价值追求，学校秉承“善小而大成”的校训，提出了与时俱进的“现代化、国际化、个性化”办学愿景，“成人、成才、成功”的办学理念，“做人有原则，学习有能力，生活有情趣，发展有主见”的培养目标。“121”课程体系是大成岳家湾实验学校总结10余年课程改革的实践经验，多方征求意见，经过充分讨论，精心打造的。学校以“121”课程建设为抓手，为学生提供层次不一、内容丰富的课程，在育人模式和办学特色方面寻求国际化、现代化的突破。

（一）课程目标

课程建设以1年预备期、2年发展期和1年自主期三段开展，整体目标是“减少浪费、减缓坡度、减轻负担”。减少浪费是指加大中小衔接工作，减少小学6年级与初中课程的重复内容，以及小学知识总复习的操练，在一定程度上释放学生学习时空，在不同的学段有机增设与学生年龄、兴趣爱好相适应的拓展和个性课程，使学生学习基础更宽、更厚，既内塑做人的品格，又提升学习的能力。减缓坡度是相对而言，小学课程重于体验，初中课程重于操作应用，高中课程重于理论分析。统筹规划小学6年级与初中课程，既可分解和分散课程中的重点难点，又可将不同阶段的课程要求无痕过渡，让更多的学生在学校的生活和学习中体会成功。减轻负担是指减少浪费和减缓坡度后，在一定程度上释放学生学习时空，降低学习难度，让学生在较轻课业负担下，变机械、被动学习为主动、深刻学习，同时获得个性化的发展，从而进一步增加学习的信心和兴趣，并有效提高学习成绩。

（二）课程原则

“121”课程建设以适合、持续、选择、生成为原则。适合是立足学校文化传统，发挥学校品牌优势，根据学生身心成长、兴趣爱好和学科专业特点，以螺旋上升的方式架构课程体系。持续是注重基础知识、基本能力和核心价值观教学，为全体学生终身学习和可持续发展奠定基础。选择是指推进选课走班，建立多层次、多维度的课程体系和自主选择课程制度，为学生自主学习、个性发展创造条件。生成是指反映学科最新的发展趋势，体现地方社会、经济、文化的独特性，不断优化和改进课程体系。

（三）课程体系

学校以“成人、成才、成功”为办学理念，以培养“做人有原则，学习有能力，生活有情趣，发展有主见”的新时代学子为价值导向，构建“三成四发展”的“121”大成课程价值体系（见图 5-1）。以此价值体系为核心，构建了“121”课程体系，包括国家课程校本化整合的基础课程、学科延伸与兴趣激发的拓展课程和满足个性化需求的个性课程。

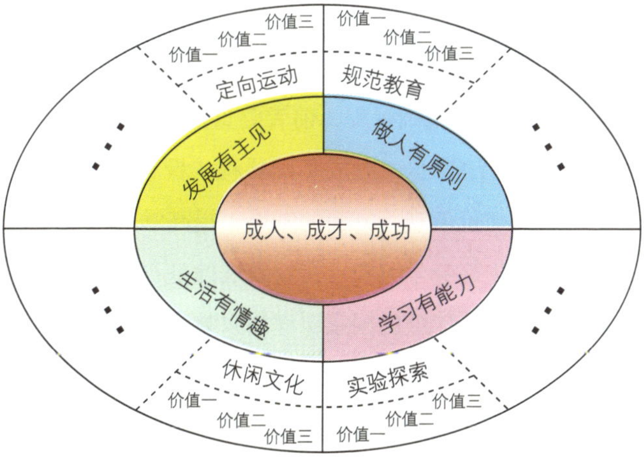

图 5-1　“121”大成课程价值体系

（四）课程结构

课程设立从纵向上为1年预备期、2年发展期和1年自主期三个学段，横向上为基础课程、拓展课程和个性课程，以此形成内容和时间的多维课程结构。（见图5–2）

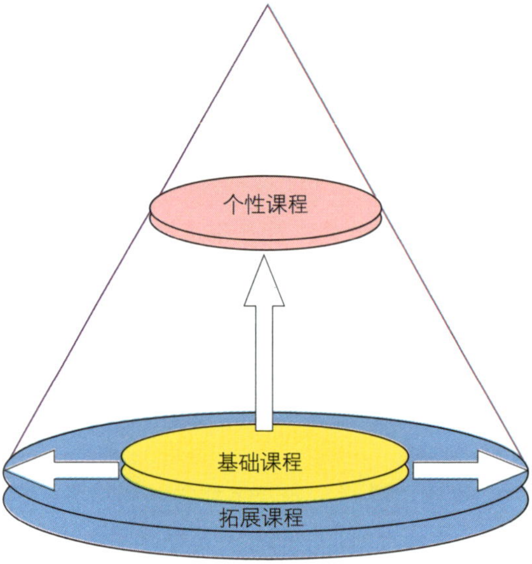

图5–2　多维课程结构

1. 整合基础课程形成的大成基础课程

基础课程注重基础知识、基本技能和核心价值观教学，是学生修习拓展和个性课程的基础，也可以为全体学生毕生学习和可持续性发展奠定坚实的基础。大成基础课程（见图5–3），从成人和成才的角度，既设置了学科类基础课程，也设置了专题教育类基础课程，前者侧重塑造学生“学习有能力”，后者侧重塑造学生“做人有原则”。大成基础课程，旨在夯实学生知识与技能、过程与方法、情感态度与价值观等方面的发展，提高学生未来发展所需的科学与人文素养，是全体学生终身学习和可持续发展的基石。大成基础课程，是将小学6年级课程和初中三个年级的国家课程加以整合后的课程。“人文、理工、艺体”三类大成基础课程，在侧重学生的成才，兼顾其他培养目标的前提下，着重培养学生“学习有能力”。由于原有的小学6年级课程和初中3年的国家课程，存在着知识上的重复、技能上的重叠、方法上的重合等，需要各个学科教师统观 4 年的课程，删减冗余知识、增补必要知识、调节章节前后呈现的顺序，整合出符合学生认知发展规律以及充分衔接、减少浪费和减缓坡度的课程，形成语文、数学、英语、科学、思想品德、历史与社会的基础课程调整思路。信息技术、音乐、美术、体育与健康等基础课程基本保持国家课程不变。

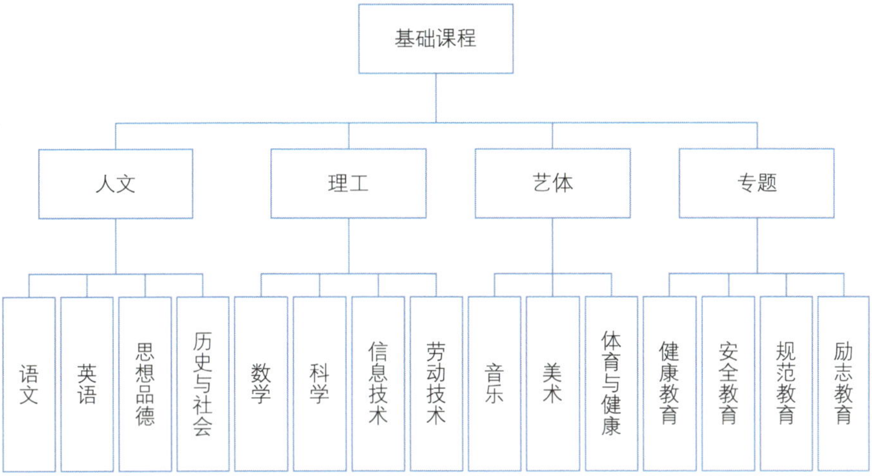

图 5-3　大成基础课程群

2. 延伸学科知识、提高学习兴趣的大成拓展课程

拓展课程体现时代特征和地方特色。实现学生自主选课，推进大成课程多样化，注重育人模式和学习方式的变革，是全体学生个性发展、特长培养的基础。

大成拓展课程（见图 5-4），是“121”课程的横向拓展，其从成才角度，设置了“知识拓展、社会实践、生活情趣”三类课程，侧重塑造学生“学习有

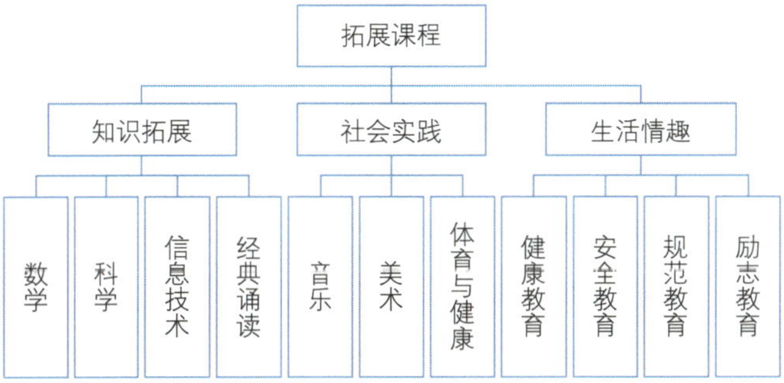

图 5-4　大成拓展课程群

能力”“生活有情趣”。

知识拓展课程，在语文、数学、英语、科学等课程整合的基础上，设置对应的拓展内容，让学生在学科素养、学科应用等方面有所拓展，为进一步的学习奠定坚实的基础；社会实践课程，在思想品德、历史与社会等学科整合的基础上，设置拓展内容，帮助学生把握时事、谋划人生；生活情趣课程，进一步培养学生对待生活的态度，塑造丰富的学习生活。

大成拓展课程，按照拓展方向和目的，分为知识拓展类、社会实践类和生活情趣类三个二级课程，对应基础课程的人文、理工、艺体、专题课程，使学生学习有能力、生活有情趣。

3. 满足学生特长的大成个性课程

个性课程是为了发掘学生潜力、培养学生特长而开设的课程。突出培优提高，让有爱好、有天赋的学生在相关领域进行深入学习和研究。大成个性课程（见图 5-5），是“121”课程的纵向深化，其从成功的角度，设置了“人文”“科技”“运动”“艺术”四个二级课程，侧重培养学生“发展有主见”。让学生自己选择，既能够发展学生的特长，也能提高学生的学习兴趣，同时让学生学习更有主动性。

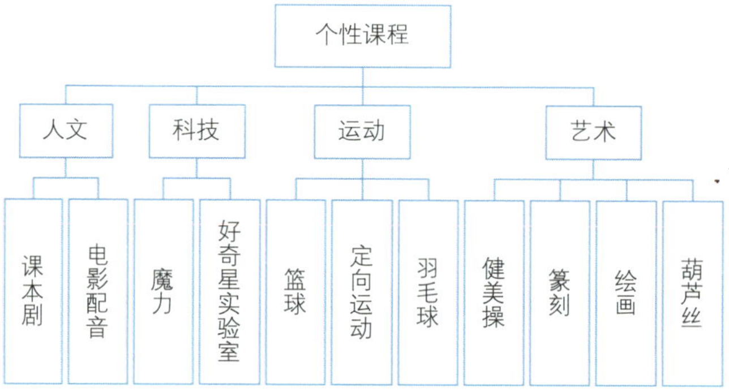

图 5-5 大成个性课程群

以国家课程作为基础课程，注重基础知识、基本技能和核心价值观教学，是学生修习拓展和个性课程的基础，也可以为全体学生终身学习和可持续性发展奠定坚实的基础。学校统筹规划国家课程，分解和分散课程中的重点、难点，从而降低学习难度，让更多的学生在学习中体会成功；以基础知识作横向延伸的拓展课程，体现时代特征和地方特色，是全体学生个性发展、特长培养的基石；以发掘学生潜力、培养学生特长而开设的个性课程，突出培优提高，让有爱好、有天赋的学生在相关领域进行深入学习和研究。

三、研究示范，推动实施

学校以课题为龙头，带动教师立足课堂，针对教育教学问题与困惑，开展“草根研究”。引领教师用科学研究的思维指导课程建设，用科学研究的手段促进办学。

（一）以课题研究为主导，推进课程建设

学校以课题研究为主导，通过课题研究、校本课程建设和示范课等方式，多途径推进基础课程的整合，拓展课程和个性课程的建设与实施。首先，以课题为引领，让每位教师在研究中提升，让每个课程在研究中规范。建设大成“121”课程体系时，学校申报了“基于‘1+3’学段的起始年级的‘121’课程的设置与实施”“基于‘1+3’学段的‘121’课程的教学范式的研究”“基于‘1+3’学制的中小数学衔接课程的开发与研究”等省市级课题，以研究促建设，边建设边研究，在研究成果获得市级以上奖励的同时，学校的课程改革和建设也获得了较快、较大发展。其次，在课程研究基础上，充分利用教师、家长、社区等资源，推进大成校本课程的建设。一年多来，共为学生提供了自主、选择、适合的58门校本课程。再次，定期组织精品课程建设交流会，为教师搭建课程展示的平台。在交流会上，邀请了国内多位知名专家学者来校进行指导和专题讲座，帮助学校把握课程建设的方向。

（二）以校本研训为抓手，打造智慧团队

学校的发展离不开教师的发展，教师的专业发展水平是学校的核心竞争力。为此，学校构建“1234”的教师专业发展模式：1条主线——自主规划；2条途径——教研组和年级组建设；3个模块——师德修养、教育理念、专业技能；4项考核——社会满意度、改革参与度、工作实效性、目标达成度。突

出梯级自主规划论证、梯级个人反思交流，建立教师个人专业发展档案袋；明晰两组职权范围：教研组建设——合理设置、提升意识、明确任务，年级组建设——科学设立目标，与学校工作相结合。制订2014—2019学年学校教师专业发展规划，提出了四个维度的教师专业发展目标：提高学校和教师专业发展规划的融合度、科学性和执行力；创建“有机规划、制度明确、活动丰富”的教研组和年级组；提升教师的师德修养、教育理念、专业技能；建立系统化教师专业发展考核体系。同时，通过走出去、请进来等方式加强学习和研讨，通过阅读、展示、交流、分享等形式，促进教师主动学习、自觉反思，促进成长。

（三）以选课走班为机制，满足个性发展

学校实施拓展性和个性化课程，全部进行自主选课、走班教学。让学生通过网上选课制订个人课表，并通过长短课、大课、小课进行教学。提倡改变教学方法和方式，探索项目制学习、探究性学习、体验式学习。建立和完善课程实施制度，丰富和保障“121”课程的实施。这些制度包括以下几种。

1. 选课指导制度

指导学生选课，避免学生选课的盲目性，帮助学生形成科学的学习计划和人生规划。

2. 课程指导制度

成立学校选课指导小组，编写学生《选课指导手册》。每位任课教师给一位学生担任“学生成长导师”。建立家校选课沟通平台，在学校发布学期选修课程纲要，通过家校选课沟通平台让家长参与指导学生选课。

3. 网上选课机制

学校公布预开设课程计划（包括课程纲要、任课教师、选课要求等），分发选课手册和选课清单，对学生进行相关培训，学生经导师指导和与家长协商后，进行网上抢课。学校依据选课情况排出个性化课程表。

4. 长短课学分制

设置短、中、长三类课时，让长短课相结合，并根据课程长短分别赋予

分值不等的学分。改变课堂教学方式，师生共同构建轻负高效的活力课堂。关注学生学习过程中的创造性思维品质的培养，以参与自主、合作、探究体验为特征，提升学生学习力，形成学生多样化的学习方式，促进学生富有个性地学习，落实“让研究走在教学前面，分层教学，弹性作业，师生沙龙活动”等举措。

5. 课程评价机制

坚持“评价就是为学生健康成长加油，评价就是为教师专业发展助力，评价促进课程质量提升”的理念，将“以学论教”作为一切评价的出发点，构建体现过程性、发展性、个性化、多元化的评价方案。自评、他评、互评相结合，形成评价与教学过程相整合的策略和方法。评价包括教材评价、教师评价和学生评价。教材评价是对课程目标与课程准备的评价，涉及课程目标的可行性、科学性、时代性、适用性以及教师开设课程的程度，主要看教师设计的课程纲要、课程计划、教学方案等是否从有利于学生个性发展的角度出发，由此构建一种全面评定教师课程开发质量的体系。学校借鉴课程评价的 CIPP 模式（即投入—输入—过程—成果模式），强化了评价的改进功能。通过以下内容进行评价：学生问卷调查的结果，课程开设的影响力和实际效果，课程资源的积累和归档，课程管理委员会的调研，课程成果展示（含各级比赛获奖情况），课程内容的特色化。学校按学期设立个性课程“精品奖”，在学校课程开发领导小组考核的基础上评选出若干门精品课程。教师评价是对课程实施过程的评价，主要包括教师的教学态度、教学方法、教学效果、学生对教学的反馈等，主要通过组织专家评课、对学生进行随堂问卷调查等收集信息。对学生评价的价值取向为注重过程、注重体验、注重合作、注重运用，从课前准备、参与程度、实践能力、协作性、创新精神、完成程度、个性发展等方面来进行评价。在评价方式上采用档案袋评价。

6. 学分认定制度

建立学分制和弹性学制，有效促进学生课程学习的导向、激励和制约机制的形成，促进学生潜能的开发和个性特长的发展。拓展课程和个性课程学分认定的形式包括学业考核、证书、过程记录三种。学生完成规定课程的学习，课堂教学时间不少于规定时间的2/3、学习过程表现良好、参加课程考试（考查）成绩合格，即可获得相应的学分。学生参加经学校课程评审委员会确认的社会机构包括行业企业培训，或参加教育行政主管部门认可的考试或比赛，获得某项资格或等级证书，均可提出学分申请。学生须提交发证单位的资质证、本人的学习记录和证书等相关材料，由学校学分认定委员会审核认定学分。学生参加社会调查、社团活动、社会实践等活动，有活动记录、总结或报告，有反馈评价，经同学互评，由学校学分认定委员会审核认定学分。

四、国际接轨，创新管理

（一）构建德育链

国际化的人，首先是具有普世道德的人。教育国际化，首先要培养学生的普世道德。为此，学校在建设“121”德育课程中，着重构建全方位的岳家湾德育链。

1.“成”文化主题链

德育活动序列化，按年系列和月系列开展主题教育活动。

年系列：以“一年一词，善小大成”为整体思路，建构岳家湾德育品牌。近3年的年度热词分别为：“新”“拓”“转”，围绕年度热词开展系列德育工作。通过教师、学生、家长参与推荐每年的年度热词，传递学校发展的正能量。

月系列：一月总结展望月（表彰、评比、总结、展望），二月沟通交流月（探亲访友、交流沟通），三月志愿服务月（手拉手献爱心、学雷锋精神），四月生命安全教育月（逃生、自救、消防演习等），五月科技畅想月（科技周、中小衔接活动），六月欢乐丰收月（离队入团仪式、八星学生评比、优秀住校生评比、优秀寝室长评比、优秀班级评比），七、八月社会实践月；九月民族精神教育月（国庆活动、国防教育等），十月艺术活动月（艺术节、感恩教育活动），十一月安全教育月（法制教育、安全隐患排查），十二月迎新汇报月（迎新年文艺会演）。举办8年级学生的离队仪式、9年级学生的毕业典礼，举办学校艺术节、体育节、科技节、读书节等活动，丰富校园生活，彰显文化内涵。定期开展走出去进行社会实践和请进来开设讲座交流等，筑牢德育阵地。

2. 德育队伍链

基于全员德育，学校德育队伍由班主任、“校内家长”、学科教师、团队学生干部、师生志愿者、法制副校长、学校护校队、全体家长等组成。其中，“校内家长”是符合学校实际的管理创新。因为有住校生，学校为住校生结对“校内家长”，对他们的学习、生活给予关心与照顾。

学校对德育队伍定期或不定期开展培训。培训形式多样，机制灵活，内容丰富，富有实效。培训中，一是注重多元学习，倡导“走出去，请进来”，开拓管理思路；二是注重经验分享，每周召开会议，分享管理宝典，互助共成长；三是注重制度建设，制订《班主任一日工作 25 问》，实行“一日五保洁，一周一大扫”班级卫生制度，加强每日常规的量化考核，并做到一月一反馈。

3. 德育阵地链

夯实德育阵地建设，强化德育实效。学校德育阵地有班级文化墙，通过黑板报、展示台、荣誉榜、读书角等充分展示班级文化；开展系列主题班会，加强学生养成教育，培育学生核心素养；积极开展社团活动，为学生的个性化发展搭建平台，让校园充满生机活力，2015 年学校舞蹈队、合唱队、篮球队在下城区的各类比赛中均获第一名；强化学生心理健康教育，开设团体辅导活动、个体辅导、朋辈辅导，为学生健康成长保驾护航，在《每日商报》头版头条进行了报道；创新家长会，融入服务元素，设立考前心理咨询、家庭教育咨询和学业规划咨询，加强家长与教师个别的沟通，满足家长多样化需求；成立“岳家君”志愿者服务队，开展校内外志愿者服务和国际志愿者服务；积极开展第二课堂活动和学生素质教育体验点活动，茶艺课程已成为下城区素质教育体验课程。

4. 德育课程链

深化课堂改革，有效落实情感态度与价值观要求。大力推广“生活化 + 活动化”的德育课程教学模式。一是有效整合入学、入队、入团、退队、毕业、“大手拉小手”中小衔接、“小手拍大手”中考百日冲刺等仪式教育，把学生成长仪式按序列统整，以成长主线一以贯之，赋予其积极的成长内涵，促进学生自我唤醒、自我认识和自我提高，建立学校仪式教育课程。二是围绕社会主义核心价值观，以主题班会为平台，以年轻班主任主题班会课评比为载体，根据学生年龄特点、心理特点、生理特点，选择社会主义核心价值观主题——7年级为爱国、文明、友善、诚信，8年级为平等、和谐、公正、法治，9年级为民主、自由、敬业、富强，构建培育社会主义核心价值观的德育课程。

（二）创新“聚成卡”

培养国际化的人，也是培养全面发展和个性发展相结合的人。基于“做人有原则，学习有能力，生活有情趣，发展有主见”的学校育人目标，学校创新设计“聚成卡”，开展学生综合素质监测，培育具有岳家湾特质的学生。

1.“聚成卡”的运行设计

坚持全员育人的教育理念，架构“聚成卡”的组织体系。挖掘“聚成卡”的深刻内涵，设置“聚成卡”的评价标准，规范评价操作程序。将学生获卡情况作为评优、评先依据，充分运用评价结果。发挥学生个性创造力，设计“聚成卡”“聚成套”“聚成包”“聚成榜”等呈现样式。借助“互联网+”的力量，积极开辟“聚成卡”网络评价体系。

2.“聚成卡”的实施策略

一是全面性策略，记录学生的学习情况、活动情况和具有个性特点的突出表现，真实反映学生的发展状况。二是鼓励性策略，充分挖掘学生的成功之处，对学生进行赏识教育，对学生的优秀表现给予奖励与鼓励，而不是对学生的表现进行等级分类。三是多元性策略，开展教师评价、学生互评、家长评价、公众评价，探索过程性评价与终结性评价相结合的评价办法，以事实为依据，确保产生认同度高的评价结果。四是公正性策略，严格按程序操作，评价的内容、方法、程序、结果以及结果的使用等都通过一定方式向学生、家长公布，充分体现评价工作的透明度和公正性。五是简便性策略，设计“聚成卡”“聚成套”“聚成包”“聚成榜”，让学生易于参与，让教师易于评价，让各方易于监督。

3.“聚成卡”的管理机制

总结提炼“聚成卡”实施过程中的管理机制，如开发机制、推进机制、调整机制、奖励机制等。为了保障“聚成卡”的实施，还制定了系列保障机制，如培训机制、公示机制、诚信机制、申诉机制等。

（三）改革家委会

国际上，家委会在促进学校发展和提高教育质量方面的作用举足轻重。为了与国际教育管理接轨，学校着手改革家委会制度，创建家委会驻校办公制度。

1. 建立家委会驻校办公制度

学校、教师与家长的目标一致，都是致力于培养和造就优秀的孩子。因此，家庭与学校是命运共同体。为此，学校每年开学初通过自荐、班主任推荐等方式，成立新一届家长委员会，实施每周五至少有两名家长驻校办公制度。学校赋予家委会委员们四项职能：一是参与，参与学校每周周五上午的行政议事会议，学校全面向家长开放课堂，家委会成员可以随时自由到学校听课、巡查，参与学校的课程建设等；二是监督，直接参与学校食堂的购菜、品菜和结账的全过程，让学生在校学得开心、吃得安心、住得放心；三是促进，通过巡查、听课等形式深入学校的各个方面，针对存在的问题和家长、孩子的要求，及时向学校提出意见和建议，督促学校落实整改；四是沟通，加强家庭与学校、家长与教师、家长与家长的沟通和联系，达到相互支持、共同配合，协同办好学校。同时，举办家长助教团、智慧家教论坛、智慧家长评选等多个载体，给有需要的家长提供菜单式的培训，引导家长改善教育观念和教学方法，建立和谐的家校关系，形成学校与家庭教育相互渗透、整体协调的育人环境，打造家校共同体。通过智慧家长评选活动，树立教子有方、家校合作的典型，并邀请下城区教育局领导为他们颁奖，鼓励他们充分发挥榜样的示范辐射作用。于 2013 年 12 月承办下城区家庭教育指导年会，2016 年 4 月承办下城区家长课堂，积极打造家校共同体，努力实现“共同承担、共同研究、共同教育、共同成长”的家校共同体建设目标。

2. 家长、社区共同参与建设大成课程

家长、社区参与“121”大成课程建设和评价是接轨国际管理的重要方式。通过征集家长志愿者，运用家长的人力和物力资源，利用社会场馆资源、高校科研资源，助力学校个性课程和拓展课程的开发和实施。如利用杭州南宋官窑博物馆、良渚博物馆、浙江省博物馆等开发和实施杭州文化课程，利用浙江省科技馆开发和实施科技创新课程，利用杭州市气象站开发和实施气象与科学课程。利用中国茶叶博物馆等第二课堂社会教育资源，建立课程实践基地，组织学生开展社会实践活动，拓展教学内容，改变教学方式，建设家长课程。

五、实验双语教学，推进国际化理解与交流

教育国际化浪潮正以前所未有的速度渗透杭州的每一所学校，浸润着每一个学生，改变着杭州的教育生态。教育国际化离不开合作与交流，国际化办学离不开开放办学和国际理解。为此，学校以课程改革为动力，以国际理解教育为重点，借鉴国际经验，引进优质资源，努力提升教育国际化水平，并因此被评为了“杭州市教育国际化示范校创建学校”。

（一）成立推进委员会

学校成立教育国际化推进委员会，首届委员会由主任（校长）、副主任（书记、副校长、家委会主任）、成员（各处室主任）、家长代表以及中外顾问组成。委员会工作的指导思想为：以创建杭州市教育国际化示范学校为载体，以教育国际化体系和运行机制初步形成、教育国际化主要指标全省领先为目标，加快推进学校教育国际化进程。委员会制定了推进师生海外交流，推进教师海外研训，推进海外人才引入，推进国际理解教育，推进国际学术交流，加强校园环境建设、营造国际化氛围等举措，切实推进国际化办学。

（二）实验双语教学

学校聘任 1 名专职和 2 名兼职的外教老师，任教双语教学实验班的英语

阅读课、科学英语课、早读口语课、体育活动课，以及向全体同学开设的关于西方文化与习俗的综合实践课和戏剧表演课。积极开展教学研训活动，不定期邀请外籍教师展示他们的教育理念、教学方式和课堂教学，让师生在真实的语言环境中切身体验平等、互动、对话的课堂文化，让不同国家和地区的教育观念、教学方式进行碰撞、融合，推动学校课程、教育、教学的改革。组织召开双语教学研讨会，邀请家长、区教育局领导、教育专家和国外著名教师培训学院的专家一起进行研讨与交流，促进双语教学规范、有序、有效推进，获得良好启迪和效果。

（三）开展合作办学

学校实行开放办学，积极寻求国际合作，与西澳州圣马克圣公会社区学校结成姐妹学校，双方就教师进修、学生访学、升学对接方面达成共识。学校与国外学校签订合作协议，对有需要并符合要求的学生提供留学机会，每年交流、交换一定数量的学生，为双方学生提供学习机会，增加双方学生海外第二校园的经历。学校还与比利时西弗兰德大学签署教育实习基地备忘录，该校每学期派学生来大成岳家湾实验学校进行课堂实习。

（四）开展国际交流

大成岳家湾实验学校是浙江省华文教育基地，不定期接待来自美国、加拿大、西班牙、日本等多个国家的华侨和国际友人来校参观考察、交流学习。学校通过组织学生成立帮助小组，帮助外籍来华学生，使他们深切感受到中华民族的热情、诚实、文明、阳光。学校也不定期组织师生赴海外交流。如派出教师和学生前往西澳州进行为期两周的访学。通过访学，教师和学生从课堂、家庭、人文、自然等不同角度真切感受到中外文化、教育等方面的异同，既开阔了视野，增长了知识，锻炼了能力，又增进了国际理解与融合，还推动了跨文化交流。

学校积极支持教师参加国际学术会议，参与国际合作研究项目，传播中国优秀传统文化。鼓励学生参加各类重要国际赛事，展示才艺与风采。近 3 年来，学校接待澳洲、比利时、美国、英国和国内的广州、福建、温州等国内外考察团20余次。2014年在中澳学校交流会中，学校根据学生的个体差异为学生们量身定做的个性课程和拓展课程，如深受学生喜爱的机器人工坊、电子制作与创新、好奇心实验室、葫芦丝、水墨画、篆刻等特色课程和传统文化课程赢得了考察团的一致赞誉。

大成岳家湾实验学校的教育国际化办学取得了良好的社会声誉，在《杭州日报》《青年时报》《钱江晚报》、中国教育在线、中国新闻网等媒体上报道诸多，并得到杭州市政府的肯定。

（五）利用现代技术

利用学校网站、OA系统、微信、平面媒体、电视媒体等平台，大力宣传教育国际化的先进经验和典型，增进师生、家长对教育国际化的认识，进一步引导家长、社区参与到国际化教育工作中来。充分运用网络资源，开设互动课程，推进国际教育的整合。利用周五下午进行中澳姐妹学校线上课堂的学习与交流，通过互联网进行中西方文化的交流和沟通。

“121”大成课程的架构和建设，立足学生、教师、学校的发展，立足面向国际化的“选择”学习，基于学生完成基础性课程，搭建自主、合作、选择的平台，探索学生的学科兴趣培养和个性特长发展的途径、方法和策略，让学生、教师和学校在国际化办学中共同成长。

第六章　建立分享的教师共同体

时代在发展，办学理念也要与时俱进。杭州市景成实验学校的办学总目标是：把学校办成可持续发展的优质成熟的九年一贯制学校，把学校办成“学生喜欢、家长满意、同行认可”的学校，并逐步向杭州一流的公办学校迈进。要实现这个目标，需要多方面的努力：探索中小学有效衔接的方法、提高教育教学质量、全面提升学生的综合素质、减轻学生的学业负担……这些学校管理的中心工作离不开一个字——“人”，即教师。毋庸置疑，学生成长先要教师成长，育生先育师。为此，景成实验学校着力打造教师共同体，通过学科内、跨小初、跨年级、跨学科的教师共同体，建立起教师交流分享机制，形成学科内、学科间、年级间、小初间多层次教研体系，有效推动教师教研，进而促进教师队伍的发展。

一、分析优势，实际选择

教师团队专业能力的提升应当从学校自身的条件与能力出发，充分整合利用各项资源。建立教师共同体就是基于学校的特色和优势做出选择，同时在选择的过程中，学习先进的教育理论。

首先，景成实验学校是九年一贯制学校。九年一贯制是有着诸多优势的义务教育阶段学制，其在学校文化、教育理念、管理方略的融合，以及学校网站、图书馆、资料室、操场等资源共享方面，都有着很大的价值和意义。这几年来，景成实验学校充分挖掘一校格局优势，努力开展中小衔接研究，并积极实践区教育局关于九年一贯制办学的各项改革。学校依托场地资源优势、教师资源优势、社区资源优势，构建九年一贯活动系列，大力开展积极向上、参与广泛、有助于提高学生综合素养的各类活动。

学校 1~9 年级均在同一个校区，九年学制共处一校的格局在给管理带来诸多困难的同时，也创造了更多开放办学的机会。比如，相隔一幢教学楼，教师间跨年段听课就非常方便；组建学生社团，学生层面的参与跨度也可以很大，等等。这就为教学活动提供了多种可能性。

其次，学校教师结构良好，具有发展潜力。教师平均年龄为 31 岁，有 70% 的教师是近几年毕业的大学生，朝气蓬勃，干劲十足；有 30% 的教师是教学经验丰富的中年教师，部分来自于母体学校——安吉路实验学校，他们带来了优质教育的基因。同时，学校还从外地引入了一些有着自己独特教学魅力的优秀教师。可以说，教师团体年轻有活力，又不失专业互助的资源。

也正因为一贯制的这些特质，再加上外界需求的一些刺激，一个带着互助成长性质、兼具十足实效的教师团体组织形成了，它就是教师学习共同体。景成人认识到以教师学习共同体建设为基础是实现教育教学愿景的良好途径。

对教师学习共同体的认识可以借鉴日本教育学者佐藤学先生在《学校的挑战：创建学习共同体》一书中表达的“专家论”。他对学习共同体中的教师重新做了界定，认为以往教师被界定为“教的专家”，但学习共同体中的教师应当既是“教的专家”，也是“学的专家”。另外，以往教师的专业能力被界定为基于“科学技术的合理运用”的原理在实践中的具体化而获得的科学知识和能力，但在学习共同体中的教师的专业能力，被再定义为对自身的教学实践和同僚的教学实践进行相互反思、与同僚相互学习的“反思性实践家”所具备的专业能力。①

二、制度保障，注重实效

为了更好地搭建教师学习共同体这个平台，以助推教师们的专业成长，学校在改革行政管理制度以及搭建不同的学习共同体两个方面做了很大的努力和尝试。

① 佐藤学. 学校的挑战：创建学习共同体 [M]. 钟启泉，译. 上海：华东师范大学出版社，2010：147-148.

（一）建立适合教师学习共同体的管理制度

1. 构建九年一贯制学校管理模式，做好管理上的衔接

学校在实施校长负责、书记监督的行政制度下，下设分管教学科研、德育、后勤的3位副校长。3位副校长分别对应教导处、学生处、总务处3个部门，每个部门内设一正一副2位主任，分工有分有合，其中主任统筹协调9个年级的教育教学管理和后勤保障服务。同时，部门内2位主任又各有年段管理侧重点，以此确保九年一贯一校格局下教学科研、德育、后勤三项工作能够协调高效运行。

学校在同一个校区内实施完整独立的九年义务教育。在建立新型的管理体系的探索中，不断完善“九年一贯、学段主管、目标整合、年级责任”的管理模式。首先，在教室安排上，将5、6年级与7、8、9年级安排在一幢楼，打通小学与初中的管理界限。其次，建立九年一贯的学校管理体系，整合组织机制，统一规章制度、教育教学、财务管理等相关工作安排。为有效实施九年一贯制学校衔接工作，成立了以校长为组长、教学副校长为副组长的中小衔接课题研究领导小组，以各学科中小学骨干教师为研究成员的研究团队，着重从师资配备、教师观念、教学内容、教学方法、学生习惯、心理辅导等方面开展中小衔接课题研究。

2. 打破中小学教师安排界限，做好教师培养的衔接

为促进九年一贯制衔接，克服教师编制、教师职称评审等现实问题，实施7、8、9年级的教师与4、5、6年级的教师交叉任课，采用能上能下的岗位编排原则。以2014学年第一学期为例，学校从7、8年级中选择教师到小学段任教，其中，安排2位教师到4年级任教，1人在5年级任教，5人到6年级任教；并从5、6年级选择教师到初中段任教，其中，1人到7年级任教，2人到8年级任教，1人同时兼任5、7年级教学工作；另外，还从7年级安排1位教师到6年级担任班主任，从6年级安排1位教师到7年级担任年级组长兼心理辅导员。这样的交流互动构成了学校内部的教师循环，使教师获得全程教育的机会，有利于培养出适应九年一贯制教育教学的复合型教师。如当年6年级的语文学科，由于增加了初中语文学科教师作为衔接教师，因此顺理成章地

将文言文教学渗透到平时的教学中，教师们在衔接教师的带领下组织学生晨诵文言文，培养学生的语感。

3. 贯通年级竞聘教研组长，做好教研组队伍的衔接

为加强教研组队伍建设，努力提升教学管理队伍水平，助推学校教育教学质量提升，学校开展了教研组长竞聘活动。其中语文、数学两门学科在 1~5 年级、6~9 年级分设教研组长，而英语、科学、体育、音乐、信息、美术等学科的教研组长不分设，分别仅由一人担任，以使得教研组长在规划适合自己学科的教学研究项目、组织组内各类教研活动以及贯彻与落实组内教学常规等方面都能从九年一贯制的校情考虑，以期通过教研活动使得学科教师在全面了解不同年段学生的知识结构、认知特点和心理特征等基础上更好地提升自己的教育教学工作。同时，通过教研活动了解各个年段学生的学习习惯、学习方法，可以促进中小学生学习方法的整合，在不同年段达成培养目标，“避免在教学中因知识点的重复教学或衔接不准确所带来的负面效应，使得九年一贯制学校的教育教学资源方面达到优化”①。

例如，6~9 年级语文教研组组织 6、7 年级老师围绕“中小衔接中学生作业出现的问题”进行探讨。大家交流的中心即“学生在做阅读题时文本意识缺乏的原因探讨及对策商讨”。

7 年级组首先提出自己的发现：“在 7 年级的阅读教学过程中，学生的‘文本意识’不强，明明文章中有相关的句子，学生却常常不得其法……”6 年级组老师也分别借助课堂作业本中相应的典型错误，归纳梳理了“文本意识缺失”导致学生出现的最典型的三种错误答题方式：完全脱离文本、答题不全、不结合具体语境答题。

而在对策的探讨交流中，6 年级组提出了“要加强答题的全文意识”“培养学生圈画的意识”，尤其是在培养圈画习惯上，更要多下功夫，比如画什么句子、怎么画、如何规范地做批注等。而 7 年级组则提出了老师“要做下水阅读”，身体力行，把自己做阅读题目的方法传授给学生……

① 周峰．九年一贯制学校教研活动小初衔接的行动研究：以上海 ZS 学校为例 [D]．上海：上海师范大学教育学院，2014：9.

通过研讨，6、7 年级语文老师在如何纠正学生“文本意识缺失”的问题上达成了共识，并力图将对策运用到教学实践中。由于研讨主题与平常的教学紧密相关，大家都认为这样的研讨美妙而富有激情。通过经常有意识地沟通教学中发现的学生问题，一起寻找解决的对策，让中小衔接更顺利融洽。

6~9 年级数学教研组也在致力于共同研究学生在二、三学段衔接中出现的问题。6 年级老师发现，学生在做应用题时，列方程解应用题对于格式的要求较高，加上题目中的等量关系不是很复杂，他们体会不到运用方程的优越性，所以在列方程和列式计算同样适用的应用题中，他们更愿意选择列式计算的方法。而 7 年级的老师则反映，学生升入 7 年级后，随着应用题难度的增加，问题情境和等量关系比第二学段更为复杂，很难再利用列式计算解决问题，学生普遍出现不适应用方程解决问题的情况，特别是在学习一元一次方程后，部分学生并没有真正体会到用方程模型解决问题的思想方法，容易产生对应用题的畏惧感。

数学教研组长指出，小学应用题的主要解题策略是基于四则运算解决问题，算式简单，但是思维量大，常用假设法或是逆向思维解决问题；初中应用题的主要解题策略是基于方程模型解决问题，思考过程简洁，但是计算相对烦琐。

通过设立衔接策略，就可以在 6、7 年级教学中各有侧重。在 6 年级，无论是用四则运算还是方程，都是依据等量关系解决问题，因此在 6 年级的教学过程中可以通比较直观的线段、表格、韦恩图等方法去指导学生分析等量关系，建立方程模型，为下一阶段学习做好铺垫。在 7 年级的教学中，引导学生通过分析数量关系，在列方程的过程中充分体会解决问题的过程和方法，从而让学生实现从列式计算方法到建立方程模型方法的顺利过渡。

教研组长的贯通引领、统筹规划，使教研能从九年一贯的校情出发，无疑使得学校获得了可持续发展、走向优质的一个非常重要的助力。

（二）搭建多层次共同体，助推教师专业成长

1. 打破师徒结对惯有模式，促进专业持续成长

师徒结对是培养新教师的一种重要途径，对学校的教育教学有着积极的

意义，可以使新教师尽快熟悉教育教学业务，节省成长时间。在学习共同体的理念下，教师的专业成长是学无止境的。景成实验学校打破师徒结对的惯有模式，让教师能够根据自己的实际情况，自主申请自己的师傅，由师傅选徒弟转为师徒双向选择。为了促进中小衔接，尤其鼓励教师们跨年级段拜师，即1~5年级的低段教师可以拜6~9年级的高段教师为师。

例如，已有5年教龄的低段语文学科的贾老师与高段语文学科的张老师结成师徒，张老师常常从高年级语文教学的视角给予贾老师低年级语文教学新的启发。张老师与贾老师对《泉水》的磨课过程，就是跨学段结对研究教学的范例。在第一次试教中，贾老师在词语教学的环节采用比较传统的方式，但是学生学习词语的热情不太高，只是机械地跟随老师完成任务。师傅张老师听完徒弟试教后，结合学生词语学习的认知规律，以及现阶段需要在低段做的铺垫内容，对这一环节的教学提出了一些建议。贾老师根据建议，认真修改了教学环节。修改后的第二次试教，学生的学习热情明显高涨很多，在学习“石缝”时，不仅说出了石缝细细长长的样子，还运用比喻，说石缝像一道闪电，窄窄的、长长的，非常生动；在说适合与“一股”搭配的词语时，学生居然还说出了预设外的“一股气流”，令人惊喜。师徒间的这次磨课，发挥了师傅在教学上的指导作用，给徒弟打开了一扇新的大门。

通过跨小初的师徒结对，使低段教师认识到，课堂教学除了要落实本学段的课程标准外，还可以为中、高学段的教学做相应的衔接，有助于提高学生在高年级段的学习能力。学生在低段时掌握了方法，到了高段就能自主学习、灵活运用。在今后的课堂教学中，教师不仅要参照小学不同阶段的课程标准，做好相应的、有衔接的教学设计，还要注意以教材为范例，培养学生的学习能力。

2. 深化校本教研形式，以对话激发合作学习

校本教研是促进教师专业成长的基本形式。学校通过校本教研探讨，解决教师的教学实际问题，促进教师队伍的专业成长。然而，以往的校本教研活动，在听完课例以后，教师们纷纷散去，不能形成相互交流、倾听、学习的氛围，自然也达不到预期的目标。而基于学习共同体的理念，每次校本教研活动

中，要求人人发言，老教师起到了引领启发的作用，新教师在思考发言中也得到了锻炼，在相互交流中得到成长。在交流过程中，主要围绕两点进行讨论：一是从这节课学到了什么；二是提出在听课中的疑惑或其他问题与任教老师探讨。佐藤学教授在《学校的挑战：创建学习共同体》一书中特别讲到在“校本研学”中观摩者所追求的不是对执教者的“建言”，而是观摩者自身的“学习”交流。唯有实现了这种转型，校本教研才能成为每一个教师富于魅力的“合作学习”的场所。[①] 对此观点，学校管理者们深以为然，而且由于实行中小学教师交流任教机制，这样的校本教研更能发挥其优势。常常能听到中学部的教师在听完小学部教师的课后发出感慨：原来孩子在小学阶段是这么学的，他们是这么思维的。这样，处在中小衔接年级段的教师更能站在学生的角度设计课堂。而另一方面，小学部的教师在观摩完中学课堂后会思考，孩子到了中学，需要有这样的学科能力，自己可以在小学阶段一步步渗透，让孩子在比较轻的负担下打好基础。

例如，2015 学年第一学期，中学科学组以学习共同体的形式开展了以中小衔接实验课为主题的教研活动。黄老师执教了小学段的《物质的导电性》，老师们通过探讨，形成了有利于中小衔接的教学思路。朱老师认为：课堂中有两个实验可以说是相当有震撼效果的，一是人体接入电路后，灵敏电流表的指针发生了偏转；二是玻璃在加热后从绝缘体变成了导体，让电灯发光了。实验是科学课最重要的载体，这两个实验也是本节课的亮点。课堂中，学生分组设计了实验电路并进行实验，对导体和绝缘体的定义有了正确认识，并为中学继续学习导体和绝缘体打下了基础。朱老师认为本堂课凸显了注重中小衔接带给学生的益处：以往的初中新课都是零起点，而且不关注学生的最近发展区，这就会造成学生会的还在“炒冷饭”，浪费时间，学生错误的前概念还是得不到纠正。而本节课老师完全从学生的学情出发，主要有两大亮点：第一是从概念给予教学到概念转化教学。导体与绝缘体这一定义学生在小学就学过，但是经过学情检测，大部分学生都是认为导体能导电，绝缘体不导电。针对这一错

① 佐藤学．学校的挑战：创建学习共同体[M]．钟启泉，译．上海：华东师范大学出版社，2010：168.

误前概念，老师非常有耐心地采用大量实验，让学生在动手和动脑的过程中纠正错误概念，强化正确概念，效果非常好。这比单纯地单向传授更加符合教学的本质。第二是用本质解释现象的教学。导体与绝缘体导电的实质的给出，其实是小学生到中学生思维的过度。这样从宏观到微观、从现象到本质的教学方法，有利于让学生体验到科学的本质：运用所学的科学本质去解释生活中的现象，科学即生活，生活即科学。另外，课堂上大量的演示和学生试验，让整堂课生趣盎然，学生的积极性被极大地调动起来，教学效果显而易见。

每一次校本教研活动都力求扎实、有效，学习共同体模式下的校本教研活动带来了显著的成绩。2013 学年，英语教研组被评为区优秀教研组，小学英语备课团队在区教研活动中介绍经验。近 3 年来，学校派出 50 余人次参加各级各类教学比武，其中 1 人获国家级特等奖，6 人获市级一等奖，10 人次获区一等奖，35 人次获区二、三等奖，另有 4 人在省级活动中开设观摩课。学校还培养出了 1 名特级教师，1 名省教坛新秀，3 名市教坛新秀，6 名区教坛新秀，1 名区“新锐名师”培养人选，2 名区“教学新锐”。

3. 开放教师课堂，丰富研讨和学习资源

教师最重要的工作是教学，因此教师学习共同体的一项非常重要的活动就是课堂教学的交流，而只有开放课堂才能为教师们的研讨活动提供丰富的课例。因此，为促进教师专业化成长，引领教师关注课堂、研究课堂、提升课堂教学质量，推动教师在教学方面的示范和引领作用，学校在各年级都举行教学开放周活动，如 2015 学年第一学期，9 月安排 4 年级教学开放周，10 月安排 6 年级教学开放周，11 月安排 7 年级教学开放周，12 月安排 1 年级教学开放周，而涉及开放周的年级任课教师需人人上开放课。全校教师可以充分利用开放周跨年段、跨学科听课。教研组长可以利用校本教研时间负责组织学科教师共同听课、共同评课、共同研课。

为了培养教师边听边思的习惯，也给其他教师提供学习、交流的平台，学校于教学开放周之后开展教学反思评比活动。每位教师针对开放周活动中的某一节课，或某一学科，或本次听课过程中发现的共性问题等撰写听课反思，开放课教师也可以撰写课堂反思。学校充分利用九年一贯制一校格局的优势资源，特别要求教师每学期的听课记录中至少有3节课是跨学科、跨年级或跨小初的课，以增进初小教师的相互学习与交流，提高教学的课堂实效，统整学生初小阶段的学习。其结果是，不仅有效推动了中小衔接，更切实提升了学生的学习效能。

例如，中学数学教师蒋老师在听课后，在教学反思中认为小学数学课的以下共同点为自己的课堂教学增加了大量的宝贵经验：一是注重情境的创设。根据教学内容，创设生动有趣的教学情境，让学生从直观形象的情境中发现新的数学知识和方法，不知不觉地进入数学学习世界，积极投入学习，提升学习的兴趣。二是学习内容生活化。在教学时融入生活中的数学，使学生感受到生活与数学密切相关的道理，感受到数学就在身边，对数学产生亲切感，这样学生对数学学习就不会感到陌生，也不会觉得枯燥，让学生感受数学与生活的联系，增加了教学的实效性。三是学习方式活动化。重视操作活动，重视游戏活动，通过折一折、画一画、摆一摆等活动让学生主动获取知识，让学生从游戏中去体验、去感受规律，从而享有玩中学的乐趣。

校长不仅是管理者，更担负着教学引领者的角色，应积极深入开放课堂，与教师交流、分享教学经验，引领教学创新。在九年一贯制的教学活动中，不同学段、不同学科，其教法、学法会有不同，但培养学生的良好行为习惯、思维品质等要求是一贯和衔接的，要达到的教学效果也是共通的。作为九年一贯制学校的教师，要共同研究学生从1年级开始，如何在不断学习知识、技能、方法的过程中形成一套行之有效的学习方法、学习习惯和思维品质，并学以致用。校长通过共同体的问题式研讨，引发教师的教育教学反思，促进教师从一贯的角度思考学生的学习与发展，从而提高教师的专业水平。

开放周中，校长听完《速写人物——头像篇》这堂美术课后，与教师分享道："教学生画画不要让他们依样画葫芦，而是要引导他们通过自己观察总结得出如何画的方法。"并向所有听课教师问道："你的学生是单纯地掌握了一个技能要点，还是领悟出了一套方法性的东西，并运用到其他绘画题材中？"如此一问令评课的教师们都茅塞顿开——授人以鱼不如授人以渔，评价一节课的尺度或许有许多，但归根究底还是看学生学会了多少，而这个"会"则需要着眼于是否科学、是否主动、是否高效。因此，李黎老师在教学反思中这样写道："回顾自己的教学思路，常常顾此失彼：抓住了科学严谨的美术教学方向，却容易上起来生硬刻板；拿捏了有效率的知识点推进节奏，却常常要反复磨课，弄得身心疲惫。而这以生为本的评价点，其实做起来不难，渗透到美术教学中，要做到在课堂中以学生为主体，使学生成为课堂的主人；在作业过程中，更注重学生在学习过程中的探究，让学生学得轻松、学得快乐。美术课堂就好比一个乐园，让学生乐在其中。"李老师的反思也引起了其他学科教师的共鸣。研学、探讨开放课堂呈现的生本资源，为教师的成长和发展提供了更多的参考。

扎实有效的课堂研讨，使得越来越多的教师在区内展示交流，教学成果越来越丰富。2014 年，一些骨干教师分别被吸收为下城区"名师智慧空间站"成员。微课《草履虫应激性实验》获得 2015 年杭州市小学科学微课评比一等奖。微课程作品《教科版小学科学重难点教学》在 2015 年度浙江省基础教育微课程开发活动中被录用并面向全省推荐使用。

4."种子教师"学习共同体，促进德育工作实效提升

教师除了学科老师这个角色以外，同时也是一位德育工作者，而懂得心理学的教师在德育工作上无疑具有很大优势。"种子教师"培训活动与学校 EAP① 心理培训计划在学校心理健康教育领域已经产生良好影响。2014 年 5 月，学校在下城区举行了"'种子教师'德育展示暨互动党课"活动，向同行展示师德培养好做法。2014 年 6 月，"种子教师"的活动被作为重要内容在中科院心理研究所组织的学校专题分享会上进行分享。2015 年 4 月，学校成功承办了全国教师教育学会学校心理健康教育委员会成立大会暨心理健康教育工作论坛，"种子教师"督导活动亮相全国心理健康教育高峰论坛，来自全国各地的专家、学者、同行参与了这次活动。

而有这样的成绩是与"种子教师"这个学习共同体分不开的，该团队共有 23 名"种子教师"，其中有班主任 13 位，分布在 1~9 各个年段，来自语文、数学、英语、科学、美术、音乐、信息技术、社会等不同学科。学校希望

① EAP（Employee Assistance Program），即员工辅助计划。通过专业人员对组织的诊断、建议和对员工及其直系亲属提供专业指导、培训和咨询，旨在帮助员工解决自身及其家庭成员的各种心理和行为问题，提高员工在企业中的工作绩效。

通过构建“种子教师”团队，关注教师对自我实现和生命质量的追求，培养教师良好的心理素质，建构易于操作、行之有效的学校心理健康教育模式，营造良好的心理健康教育氛围，努力开发校本课程，促进教师心理成长，积极建设学校和谐文化。

学校邀请专家帮助策划设计“幸福景成，种子教师”学校 EAP 活动，在专家的带领下对“种子教师”进行为期两年的读书、督导、访谈等活动。“种子教师”活动细则包括：

（1）成立项目相关领导小组，由德育校长分管，学生处和心理辅导站站长负责日常协调联系，组织活动。

（2）“种子教师”每周进行一次读书会，理论能力得到提升。

（3）“种子教师”每周需要与结对学生做一次 20 分钟的访谈，并做好访谈记录。每月参加专家的督导，坚持写督导体会。

（4）每学期结束，评选出优秀“种子教师”，并给予及时肯定和表彰。

学习共同体的交流让大家既学习了心理辅导的相关理论知识，又收获了心理辅导的具体而有效的方法，真正地感受到了心理辅导的魅力所在。这是理论与实践的真实碰撞，在这种美的碰撞下，不断地促进“种子教师”的成长。

在领导、专家及每一位“种子教师”的共同努力下，师德发展初见成效。各年段都有教龄较短的青年教师，以往碰到问题，他们常常苦于无从下手，而现在他们中的大多数已经可以从容地和学生进行对话。随着心理沟通的不断深入，学生们也发生了明显的变化，精神状态更加积极向上，师生关系由紧张生疏变得和谐融洽。

三、成绩明显，建设不断

景成实验学校建校已有 9 年，依靠建设教师共同体，发展迅猛，近年来获得的教育教学成绩不断被上级主管部门、家长和社会所认可，学校已成为杭州北部地区的优质公办学校。2013 年下半年，在“九年一贯制学校办学情况调研”的回访中，专家们对景成实验学校近几年取得的成绩给予了肯定。学校在九年一贯制办学、集团化办学等方面取得了很好的成绩，因而吸引了国内外很多教育考察团来校考察学习，仅近3年就有40多批次。学校和谐大气的校园环境、师生的友好热情和充满生机与活力的校园氛围给客人们留下了良好的印象。

多层面搭建共同体的平台让信息传递更为迅捷，知识分享更为方便，教学经验从个体扩展到组织的途径更为丰富。未来，教师共同体还有很大的创新空间，发展过程中对目标的设定、过程的调整、成效的考核都需要既有长效界定，又能实时调整。学校在9年的时间里取得如此的成绩，是因为始终将教师作为学校发展最重要的因素，把教师成长工程当作学校核心工作来抓。学校未来的九年一贯制办学之路，将继续以教师学习共同体引领教师专业发展，促进教师专业提升，最终实现学校与教师的共同成长。

第七章　运用大数据的个性化学习

随着物联网、云计算和新一代移动网络技术的兴起和快速发展，教育信息化建设从数字技术进入智能化时代，智慧教育成为教育信息化发展的新趋势。与纯粹的小学、初中学校相比，九年一贯制学校具有学生在校时间长、跨度大的学程优势，可以根据少年儿童的身心发展特点和教育教学规律，统筹安排课程学习。杭州市大成实验学校为了充分发挥九年一贯的办学优势，实现“6+3>9”的效应，围绕“智慧大成，幸福成长”的办学理念，以现代信息技术为基础，以多元智能理论为引领，立足无缝衔接的创智课程建设，尊重每位学生的个性化与多元化发展需要，培养智慧人才。学校以“基于数字化教学案的智慧课堂互动教学系统”为平台，基于大数据的数据挖掘与学习分析技术，使线上学习与线下学习有机结合，构建灵动高效的智慧课堂，让学生学会自主学习，促进学生发展。同时，努力构建联动互通的教研机制，力图寻找跨越教育教学断层的途径，促进教育教学无痕对接，打造九年一贯教育链条，使小学教育和中学教育成为贯通协调的有机整体，促进学生全面而有个性地发展。

一、指向：着眼无缝衔接的创智课程

由于遗传、环境、教育等因素的影响，人的整体智能发展出现不平衡性，每个人的智能各具特点。人各有智，智各有异。每个学生都有各自的优势智能领域，每个学生都具有自己的智能特点和学习风格。只要有合适的课程和学习环境，每个学生都能得到相应的发展。反映并满足学生智能的多样性，开发每个学生的多元智能并促进其发展，是课程改革应追求的目标。基于此，学校探索开发创智课程，希望建立一个立体、多样、开放、丰富、包容的课程体系（见表 7–1），为学生提供更多智慧成长的空间，尽可能满足其智慧学习、多元发展的需求，促进学生个性的充分发展。

表 7-1 大成实验学校创智课程体系

课程门类	具体分类	课程项目	课程指向
科学探究类	数学拓展	思维训练、生活数学、逻辑推理	逻辑—数理智能
	科学拓展	生命科学、应用物理、生活化学	自然—探索智能
人文修养类	语文拓展	阅读写作、国学经典、文学欣赏、影视欣赏	言语—语言智能
	英语拓展	口语对话、英语阅读、外国文化	
	社会拓展	心理健康、法制教育、历史故事、时政热点、环球地理	交流—交往智能 自知—自省智能
体艺特长类	体育健康	篮球、乒乓球、羽毛球、足球、健美操	身体—运动智能
	音乐鉴赏	合唱、舞蹈、笛子、口风琴、鼓号、音乐欣赏	音乐—节奏智能
	美术鉴赏	书法、绘画、摄影、美术欣赏	视觉—空间智能
实践活动类	科技创新	编程、测向、气象、电子百拼、创智乐园、3D 打印	自然—探索智能
	生活技能	手工制作、茶艺、园艺、家务电工、西点烘焙	存在智能

创智课程群是由若干门各具特色、各显优势而又相互关联、共融共生的课程组成，它覆盖多种课程门类，包含多个学科模块，覆盖自然、科学、人文、社会、科技、艺术、生命、健康、生活等多个学习领域。这些课程在内容上具有密切相关性、相承性、渗透性和互补性。学校按一定的主题和特色加以分类，形成群落，从而搭建起创智课程群的基本框架。

教育部《基础教育课程改革纲要（试行）》指出："国家将整体设置九年一贯制的义务教育课程。"《浙江省教育厅关于深化义务教育课程改革的指导意见》也要求："加强小学、初中、高中课程的相互衔接，明确各学段的教育功能和课程目标要求。加强各类课程、不同学科之间的联系和整合，组织跨学科教学和主题教育活动。"课程是基础教育的核心内容，课程衔接是九年一贯制学校的核心优势。大成实验学校在研究中小学学科教学差异和青少年身心发展特点的基础上，对义务教育课程进行统整规划，使九年学校生活形成一个完整的、自然衔接过渡的教育体系。

整体设计。以九年义务教育为时间跨度，从学生九年发展需要的能力和素养出发，通盘考虑学校课程设置，对现有课程进行改进、完善，探索建立各学段上下贯通、有机衔接、科学合理的课程体系，设计贯穿学生九年发展的拓展性课程，包括人文修养类、科学探究类、体艺特长类、实践活动类四大类课程，使中小学的教育教学具有连续性和统一性。重点推进6、7年级的课程融合建设，尽量避免简单重复学习，防止小学高段教育初中化。

一以贯之。对学生九年的学习生活进行整体规划和长远设计，促进学生更为全面系统地发展，体现九年一贯育人的连续性与整体性。同时，根据教育教学规律和学生成长规律，梳理出符合不同学段学生身心发展特征的学习目标、学习方法和学习习惯，对学生培养进行一体化设计。用循序渐进、一以贯之的影响，使学生的知识和能力衔接自如，个性养成、习惯培养具有一致性、连贯性。“一贯”的教育目标，“一贯”的课程体系，确保学生的“一贯”成长。

无缝衔接。从各学科的教学目标、教学内容、教学评价，教师的教学观念，教学方法、师生情感以及学生的学习心理、学习方法、学习习惯等三个方面进行探索，发挥6、7年级衔接过渡的承前启后作用，打破中小学间的壁垒，弥合不同学段的缝隙，实现有机渗透、自然对接。

二、立足：探索灵动高效的智慧课堂

“互联网+”代表着未来教育发展的趋势，是不可阻挡的时代发展趋势。智能化教学促个性化学习，是推进教育现代化的有效手段，能够让教学更有趣、更智慧，让学生更有个性、更快乐，让教育更为公平均衡。本着探索九年一贯教师教育教学有方、学生健康快乐成长的教育理想，大成实验学校以“互联网+教育”为策略，积极推进基于现代教育技术和网络教育资源的灵动高效的智慧课堂，创设智能化、有利于个性化学习的开放性学习环境。

（一）教师教学智能化

学校开发“基于数字化教学案的智慧课堂互动教学系统”（见图7-1），将原有纸质教学案数字化、网络化、互动化，以智能化教学促进个性化学习，促进信息技术和课堂教学的深度融合。目前，已经形成比较齐全的小学到初中主要学科（语文、数学、英语、科学）的资源库，包含试题、试卷和课件资源。同时，建设完善的资源管理平台，教师可以上传个人资源，与其他教师共享，还可以随时利用组卷系统，根据设定的难易度编制试题。

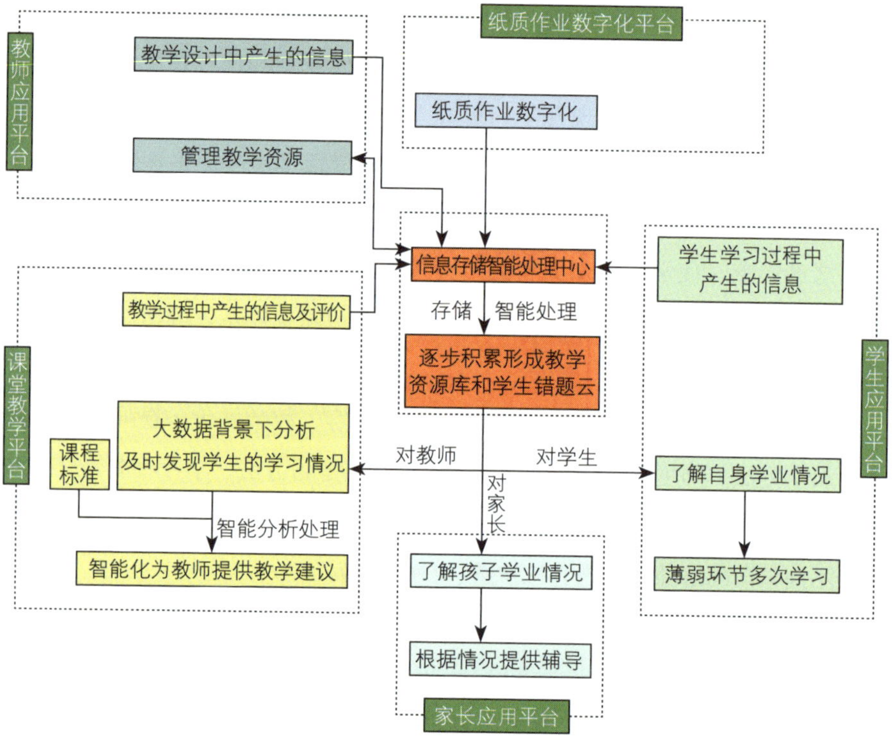

图 7-1　基于数字化教学案的智慧课堂互动教学系统

学情调查是在课前给学生做一些相关的练习，教师从中获取数据分析，从而掌握学生对本课知识点的了解情况。课前，教师通过微课视频和在线辅导让学生进行相关学习，并派发问题让学生完成，利用实时反馈系统收集学生学习的相关数据，经过智慧课堂互动教学系统云平台的智能化处理，充分了解学生的学习基础与进度。教师根据数据分析反映的学生学情，基于学生的“最近发展区”设计问题，调整授课内容。对于大部分学生都会的知识点可以不讲或略讲，对于大部分学生都不会的题则要重点讲解，介于两者之间的题目则可以通过系统终端智能推送的解题思路引导学生自学。通过数据分析，教师可以充分了解学生的学习起点，认真备课，根据学生欠缺的知识点设置课内目标问题，实施有针对性的课堂教学。

例如，周老师执教以服装购物为主题的单词句型新授课。学情调查共设置 5 道选择题，分别调查学生对“clothing”单词词义、“how much”句型（询价）及购物应用的了解。由表 7-2 可以看出，学生通过听录音、朗读、预习等，已经了解并基本了解本课关于“clothing”单词的意义，对购物时询问价格的句型也有一定的了解。基于以上学情调查结果，教师及时调整了教学设计，让课堂教学真正做到因材施教。

表 7-2　学情调查知识点掌握情况

教学内容	学生掌握情况	
	正确题数 / 已交总题数	教学目的达成率
“clothing”单词	33/38	86.84%
句型（询价）	18/38	47.37%
应用（购物）	22/38	57.89%

课中，教师进行高效生动的互动教学。基于数字化教学案的智慧课堂互动教学系统提供了非常高效便捷的师生交流平台。在课堂教学过程中，教师能轻松进行资源调用、板书切换、移动终端同步课堂教学过程中的照片、白板动画演示等，学生可以随时将合作交流的成果通过图片、文档等方式上交给教师，教师可随时进行展示和评价，实现学生与教师之间的实时互动交流。

以 7 年级数学课《神奇的平行线》为例，黄老师根据学情调查中学生遇到的问题，通过引导，与学生共同完成利用内错角证明三角形内角和为 180°后，希望学生通过小组合作交流的形式思考出更多解决问题的方法。课堂上，学生们各抒己见，将自己的论证过程用平板电脑拍照上传至教师电脑终端，还有学生跃跃欲试，要上台阐述自己的论证思路。

教师还可以实时进行学能监测，及时检测当堂课的教学效果和学生对知识的掌握情况。实时反馈系统能及时反馈学生课堂作业正确率，并形成形象直观的数据报表，帮助教师及时了解每个学生的实时学习状况和课堂教学的达成度。根据监测数据，教师对大部分学生都不懂的问题进行重点分析，对学生一知半解的问题则通过智能终端平台让学生在合适的时间观看微视频等让学生进行个性化自主学习，并智能推送相同知识点的试题让学生进行变式训练，促进学生扎实掌握相关知识。

同时，学习可订正并多次进行，教师及时进行相关数据的分析处理，在课堂内及时反馈矫正。数据的不断收集积累，可逐步形成全体学生的“错题云”，由系统协助分析问题产生的原因，帮助教师在以后教学中扬长避短、有的放矢。

（二）学生学习个性化

学校为学生设计了个性化学习路径（见图 7–2）。课前，学生可以进行基于网络的在线学习，如翻转课堂、在线课程，实现师生、生生在线互动。课上，教师移动终端同步学生作业，现场进行白板批注；学生通过互批功能参与到批改作业过程，实现师生间、生生间的互动交流。学生可以实时地发布课堂疑难问题，教师可以对每个学生的疑难进行一对一答疑指导。同时，教师还可以很便捷地将整个课堂过程录制下来，包括教师的课件、板书、书写轨迹、声音等，生成复习视频并自动关联到相应知识体系中，便于学生根据个体差异需要，进行多次反复学习，查漏补缺，切实掌握已教知识。

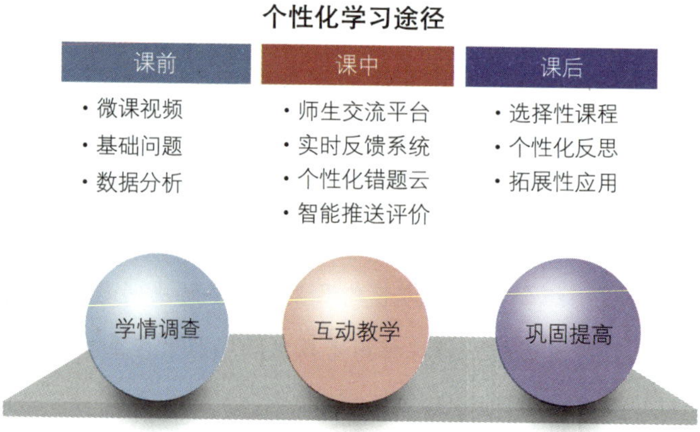

图 7–2 个性化学习途径示意图

在学生端，每个学生都有自己的个性化错题本，错题可以进行重新答题、订正。订正后，若依然做错，系统便会自动分析错题信息，并针对每一个错题进行智能推送，推送一道与错题相同知识点的题目，使学生加深对错题的理解。学习基础好的学生可以挑战难度更大的拓展性题目，还可以选择同类型题目来做变式训练，这正是一种基于学生学情的个性化分层教学模式。课后，学生可以随时看视频解析进行移动学习和多次分析。线上线下学习有机结合，学生学会自主学习，打破了传统课堂教学的有局限的教学时段，达到无边界流程再造。

过去课本上那些枯燥、抽象的知识点摇身一变，成为平板电脑上具象、生动的课例、视频、图片和作业题，纸质作业数字化平台通过图像扫描、文本识别等方式，实现了对课后纸质作业的数字化，并与智慧课堂学能监测的内容一起，形成学生学习过程中完整的错题集。

（三）教学评价科学化

面对面的交流 + 基于网络的随机批改，实现了课堂的实时评价。对全班学生课堂学能监测的评价，通过教师应用平台实现实时数字化记录、反馈给学生，并合并存储到信息存储智能处理中心。无论是学情监测还是试卷考核，每道题的答案后面都会跟着一串相关学生的姓名或者学号，这不仅能反映学生的学习情况，也为教师评价、考核学生提供了依据，真正将过程性评价与结果性评价结合起来。

学校还设计了《学生学习效能监评表》《教学案班级小组管理表》《教学案班级课堂学能监评周统计表》等系列评价表，通过数据对学生进行学习过程管理，同时辅以“星级学生”“星级团队”等评选活动，采用定性与定量评价相结合的方式，真正实现了课堂的即时评价与互动激励。学校还将这种教学评价新机制与学生综合素质评定、先进评选等挂钩，以激励每一位学生立足课堂、感受成功、享受成长。

教师利用系统高效调用系统提供的海量教学资源，通过双向细目表，把控难度范围，进行自动组卷、学习分析。检测之后，教师通过查看《个人学科成绩统计表》，实时监督学生成绩走势，了解该学生总体的学习情况，及时开展沟通交流。

（四）教学管理数字化

学校利用自制统计软件，对全校教师的教学成绩进行智能统计，自动计算出全年级及各班各科成绩的平均分、及格率、优秀率、低分率、标准差，后1/3的平均分、总分、名次、各分数档次人数等。有供学校使用的“同科目各班级平均分趋势图”“同班级各科目平均分趋势图”和“基于新生入学成绩的各科平均分增量趋势图”，学校可清楚地看出各种成绩的变化趋势，方便进行科目间、班级间的成绩比较。还有可供教师使用的“学生个人成绩变化趋势图”和“学生个人成绩和年级平均分差值变化趋势图”，方便对个体学生学业成长的了解。

学校在每次测试后，会及时进行统计，并根据统计结果及时进行质量分析，对试题进行评价，对教学得失进行总结，对学生的进退步情况进行比较，对下一阶段的教学提出改进意见，力图以教学过程的最优化，来取得教学质量的全面提高。数据分析力求通过观察数据，发现数据反映出来的真实情况，探寻数据背后的真相。每次质量分析，都不局限于一次考试和一次成绩，不以单一的成绩衡量学生的学，也不以单一的成绩考查教师的教，而是以九年一贯的发展的眼光来看待学生，尝试透过数据的现象看教师教学效果和学习效能的本质，看学生从上一年到下一年的变化和潜力发展情况。提倡过程性评价，质量监测、学能监测都是为教学服务的，为一线教师提高教学效率服务的，每一次客观、准确的数据分析都能给教师们提供可靠的改进教学方式、提高教学质量的依据。

近两年，学校校园无线网络实现全覆盖，组建了信息化的教师办公OA（Office Automation，办公自动化）平台，集校园通知系统、网络报修系统、网络教研平台、学生出勤管理系统等子系统于一体，形成统一的校园网上办公平台，实现校园信息流的无缝对接和传送。学校可以轻松通过教师上传的数据，分析班级课堂教学状况，发现问题实时解决。

学校通过普及电子白板，构建“一中心五平台”智慧课堂互动教学系统，形成智慧教学“资源云平台”“学习云平台”“智能教学云平台”，全面实现课堂教学数字化、学生学习数字化、评价数字化、教学资源数字化以及教学管理数字化。而课堂教学数字化大大提高了课堂教学的交互性、有效性和灵活性，学生学习数字化更便于学生线上线下多次学习，评价数字化形成完整的数字成长记录袋，教学资源数字化形成学科教学云资源库并能实现高效管理和共享，教学管理数字化则提高了课堂教学管理的时效性。

三、接榫：构建联动互通的教研机制

中小学课程在内容设置和教学目标定位上相对独立，教师在日常教学中主要研究本学段的课程内容，很少顾及其他学段，致使中小学教学常常出现“各自为战”、相互脱节的现象。加之由于各种因素制约，中小学教师平时交流不多，相互缺乏了解。这在一定程度上加剧了教学的离散性，影响了教学效果。

教研衔接是推进教学衔接和课程衔接的重要一环，有利于统筹课程建设，提升教学效果。为增进中小学教师的切磋交流，学校利用中小学同处一个校区的便利，以“研磨互磋、优势互补”为行动宗旨，组建教师教研联合体，形成中小学联动互通的教研机制，为中小学教师搭建共同交流、学习、合作的平台，实现教育资源、信息、经验、方法等的顺畅交流和有效整合，促推义务教育阶段课程、教学九年一贯、衔接畅通。

（一）主题沙龙式：对话 + 分享

即聚焦教育教学中的某一热点话题，开展主题沙龙式教研，教师畅所欲言，充分发表自己的意见和看法。“沙龙”一词最早源于意大利语单词“Salotto”，经过一系列演变，成为人们谈论艺术、文学、哲学、生活的交谈与聊天活动。主题教研沙龙中，对话的过程是平等的，分享的内容是开放的，交流的形式也是多样的。

每学期初，沙龙主持人在同学科教师中收集教学中普遍存在的热点、难点和有价值的话题，进行梳理、筛选，在其中选择出有代表性、典型性的话题作为沙龙主题。所有教师事先要深入钻研，提出自己独到的见解，勇于评论同伴的观点，确保沙龙研讨有广度、有高度、有深度、有效度。因为沙龙主题来自教育教学实践，受到一线教师欢迎。语文沙龙以“让新杭州儿童爱上阅读”为主题，教师们纷纷交流自己的做法，低段“午间故事会”、中段“课本剧”、高段“快乐书吧”、中学“戏剧创作表演”等，各有特色，值得相互借鉴。数学沙龙关注“学生学习力提升”，教师结合教育理论阐述与典型实践案例，提炼出各学段重点培养的能力：1~3 年级训练专注力、记忆力、计算力、表达力，4~6 年级提升观察力、想象力、思维力、理解力，7~9 年级则要强化探究力、推断力、创造力、反思力。

萧伯纳说：“假如你有一个苹果，我有一个苹果，彼此交换以后，每个人仍然只有一个苹果；假如你有一种思想，我有一种思想，彼此交换，每个人至少有两种思想。”① 教研沙龙的氛围宽松愉悦，教师们尽情地听、评、说、思、议、辩，在自由发言、对话交流中达成“交换思想、分享经验、凝聚共识”的目的。

（二）协作备课式：开放 + 融合

考虑到教师跨段教学经验普遍欠缺，学校将部分学科的初中教师和小学高段教师打通，成立复合式备课组，要求原来的初中教师必须认真钻研同学科的小学课程标准及教材，原来的小学教师也必须研究同学科的中学课程标准及教材。教师要寻找教材之间的内在联系，特别是适合进行中小衔接的教学内容，备课既要“瞻前”又要“顾后”，达成知识体系的融会贯通。

小学科学备课组由 2 位初中教师和 3 位小学教师组成。他们在通研中小学教材后发现有部分教学内容相互交叉，可予以整合、衔接。经过备课组集体研讨，确定将 6 年级上册《生物的多样性》与 7 年级上册《观察生物》整合，将 6 年级下册《物质的变化》与 7 年级下册《物理性质与化学性质》整合。他

① 吴洪华. 同伴合作，让教学活动走向完美：有感于一次自制教具的探索 [J]. 中学教育教学，2012(2): 85.

们还发现，中小学科学教材中有一些专业术语在表述上有差别，如“搅拌棒”与“玻璃棒”，“重量”与“质量”，应该规范、统一。同时，将培养学生的自主学习能力和实验操作能力作为中小衔接的重点，在小学科学教学中就予以特别关注，使学生养成良好的科学学习习惯，缩短过渡期，尽早适应初中学习。

《诗经》有言：“有匪君子，如切如磋，如琢如磨。”开展协作备课式教研，为中小学教师打开了一条通道，他们可以互通有无，相互启迪，随时探讨、交流教育教学中的问题，科学衔接学科知识体系，促进中小学教学顺利过渡、自然融合。

（三）课例评析式：探究 + 行动

即坚持“边研究、边实践、边总结、边提升”的思路，通过组织“同课异构”“同题异层”“一课多研”等多种形式的教研，鼓励中小学教师双向听课、评课。开展课例观摩、评析活动，让中小学教师对本学科的教学内容、教学方法、评价方式得以全程了解，并在各自的教学中注意比较联系和有机渗透。

中小学英语教研组围绕“Experience”这一主题，进行“同题异层”研讨。周老师在 6 年级执教一节听说课，开展“表演竞猜、角色扮演配音、看图说话”等活动，让学生在兴味盎然的参与体验中训练听说能力。骆老师在 7 年级执教一节读写课，通过“哑剧表演、视频仿读、连词成句、重写日记”等形式，启发学生深度阅读，提升写作能力。“同课异构”从 6、7 年级学生的认知水平、技能状况和身心特点入手，演绎了不同学段不一样的课堂教学，也关注到了小学与初中的衔接和衍生。

中小学语文教研组考虑到 6 年级有一个单元是动物题材，遂选择 7 年级下册的一篇课文《猫》作为中小衔接研究课，由 6 年级吴老师和 7 年级李老师分别在不同班级执教。这篇文章虽长，不过故事性很强，层次分明，思路清晰，可以挑战 6 年级学生的阅读能力和理解能力。吴老师以“写作方法指导”作为衔接点，让学生圈点勾画文本中的动词，领悟细节描写的妙处；李老师以学生破案、配乐解题等形式展开教学，关注“语文教学中人文性的有效衔接”。

两位老师都注重字词落实，重视培养学生的文本信息筛选和概括能力，但衔接的侧重点、教法学法、教学风格各有不同。

开展课例评析式教研，通过跨学段、跨学科听课、评课，可以让教师们整体把握本课程在不同学段的要求及学科知识间的内在联系，熟悉中小学课堂教学的特点及优势，相互学习借鉴，取长补短，科学合理地重组教学内容，及时调整教学方式方法，增强中小学教学的衔接度。

（四）问题研讨式：反思 + 集智

如果教师不善于发现问题、研究问题，教育教学就只能停留在表面、浅层次上，无法深入到本质。这就要求每一个教师都必须树立问题意识，主动去发现、思考教育教学中存在的问题，特别是梳理、研讨课程改革过程中产生的困惑，包括推进教学衔接时的疑问。

校本教研是解决教育教学问题的有效途径，应该为教师提供协商、交流问题的平台。可针对教育教学中带有倾向性、典型性、普遍性的真问题，适时开展问题研讨式研讨。教师们在语言交锋、思维碰撞中集思广益，生发智慧，释疑解惑。

前两年，大成实验学校由于小学教师不足而初中教师略有富余，就安排初中教师到 6 年级任教，在英语、科学两门学科探索中小衔接，不用 6 年级的教材，而是直接上 7 年级的内容。随着提前教学弊端的不断凸显，教师们头脑里装满了问号：怎样正确理解衔接？中小衔接主要包括哪些方面的内容？教学衔接的重点是什么？衔接策略有哪些？中小衔接应该把握怎样的度？对此，学校教科室不失时机举行了一场“教学衔接若干问”的头脑风暴，中学教师和小学高段教师同时参加，大家各抒己见，坦率陈述自己的观点，也提出了一些建设性的意见、建议。教师们在教学实践中直面问题、正视问题、研究问题，有助于厘清思路、统一认识，把“突变”变成“渐进”，在“渐进”中有序衔接。

联动互通的教研机制，打破了中小学教研、教学之间的“沟壑”，中小学教师借由“专业切磋、经验交流、智慧分享”，建立起良好的合作支持关系，提升了教学衔接的有效性，促成中小学教育教学前后连接、相互呼应，真正做到协调性、一贯性、持续性发展。

四、支点：打造九年一贯教育链条

教育教学改革是一项系统的综合工程，必须从整体着眼，全面推进。学校以教学教研为核心，协同与之相关的各个因素，着力打造九年一贯教育链条。

（一）学校管理一体化

学校秉持中小学一盘棋的思想，按照九年一贯理念，以“美丽大成、幸福成长”为办学宗旨，营造“厚德、智慧、清雅、和美”的校风，“仁爱、专业、灵动、求美”的教风，“诚信、善思、勤习、尚美”的学风。在此统领下，实行统一的教育管理和教学管理，建立并不断完善一体化教学管理制度，坚持中小学全程管理制度化。整体规划学校的各种教育教学活动，读书节、科技节、国学节、体育节、亲子节、艺术节等活动，既有全校的统一要求，又有分段的个性项目。比如，第 18 届推广普通话宣传周围绕“说好普通话、品味语言美、圆梦你我他”这一主题，1~3 年级开展规范字书写比赛，提高学生使用规范语言文字的能力，培养学生良好的书写习惯；4~6 年级举行古诗词经典诵读比赛，让学生体会古典传统的语言美、音韵美、意境美；7~9 年级组织“啄木鸟纠错行动”，学生对校内的黑板报、手抄报、学习园地、作业等进行检查，发现不规范用字及时予以纠正。根据不同年龄阶段学生的特点开展相应的活动，既有一致的目标，又有相宜的载体，确保了教育的针对性、有效性、适切性。

（二）师资配备一体化

为进一步盘活学校内部的人力资源，学校将小学高段和初中的师资进行合理调配、重组融合，整合优秀教师资源，将他们安排到不同年级引领教学，推动教师在中小学流动。近年来，学校相继安排语文、数学、英语、科学、信息技术、体育、音乐、美术等学科的教师累计 20 余人次跨学段任教。大循环教学为教师提供了全程实践的机会，有助于培养能够适应九年一贯制教育教学的复合型师资，提高教师跨年段教育的能力，产生“1+1>2”的效应。基于教龄5年内的年轻教师比较多的师资现状，学校建立“师徒结对”机制，对6、7年级的年轻教师设置“双导师制”，指导师傅由中小学的骨干教师共同担任，引导年轻教师寻找知识的内在联系，在课堂上探索衔接教学。

（三）学生培养一体化

九年一贯制学校能够保证学生个性、特长及能力发展拥有较长时段的持续的发展期，有利于学生的个性培养。学校全面分析梳理1~9年级学生的心理与行为特点，按照“九年一贯、一年一心、循序渐进”的整体思路，建构“九心树大成”层次递进的校本德育课程体系（见表7–3）：1年级呵护童心、2年级培养孝心、3年级激发爱心、4年级开启慧心、5年级树立信心、6年级磨炼恒心、7年级感悟真心、8年级陶冶诚心、9年级体验责任心，构建九年一贯德育目标链，充分体现德育的整体性、持续性，培养“品质美好、习惯良好、学习主动、奋发进取、心怀感恩”的美丽学生。学校以社团俱乐部、课外兴趣小组为依托，多维度、多层次培养学生的爱好、特长。目前，共推出新概念作文、数学思维训练、英语诵读、创新实验、国学、手工、茶艺、绘画、书法、写字、合唱、摄影、健美操、篮球、踩高跷、口风琴、趣味编程、电子百拼等50多个社团，每周固定时间开展活动，所有社团都由几个不同班级、不同年级的学生重组而成。在九年一贯制教育的培养模式下，学生的才艺特长被最大限度地发掘，并能从小学到初中延续对接，保证了学生个性特长的可持续发展。

表7–3 “九心树大成”校本德育课程总框架

年级	锻造	具体内容	第一学期	第二学期
1年级	呵护童心	顺利适应小学生活，开启快乐学习之门，树立远大的人生理想	比比谁最棒	插上梦想的翅膀

续表

年级	锻造	具体内容	第一学期	第二学期
2 年级	培养孝心	孝敬父母尊敬师长，领略中华传统美德，开展感恩教育	欢乐一家亲	孝心伴我行
3 年级	激发爱心	团结同学友爱互助，关爱他人热心捐助，开展爱心教育	做一个有爱心的人	在爱的传递中成长
4 年级	开启慧心	树立明确的目标，掌握科学的方法，启迪人生智慧	目标点亮人生	发现学习方法
5 年级	树立信心	认识自己，树立自信积极的生活态度，开展励志教育	找到自己的声音	为自己喝彩
6 年级	磨炼恒心	锻造坚忍的意志，学会科学管理时间，做好中小衔接	坚持自己的信念	优化时间管理
7 年级	感悟真心	真诚对待同学，学会欣赏他人，培养合作意识	献出一片真心	分工与合作
8 年级	陶冶诚心	诚实做人，信守诺言，不义之财不动心，廉洁自守，突出诚信与廉洁教育	诚信是立身之本	敬廉崇洁扬正气
9 年级	体验责任心	国家兴亡、匹夫有责，树立社会责任心与国家荣誉感	树立社会责任心	我骄傲我是中国人

大成实验学校构建九年一贯教育教学链，运用大数据的“智”课程，实现个性化学习，提升了教师的教育教学能力，也为每一个学生的成长提供了无限的可能，学生素质得到全面发展。无论是学科教学质量还是学生的综合素质，都获得明显提升，期末教学质量检测增量显著，学生在长三角地区、省、市和区的征文、演讲、音乐、美术、体育等各级各类比赛中获奖，硕果累累。学校荣获区域教育质量优胜奖。

第八章　基于网络的“1+X”教学

杭州市胜蓝实验学校基于九年一贯制在小学和初中的学科学习及教师的团队合作等方面的优势，根据自身办学条件，拥抱信息化，将“1+X”教学作为创新办学的重点方面，不断提高教育教学效能，切实提升教育质量。

一、理念思考

所谓“1+X”教学，是指在学生人手一台电脑的网络环境中进行的师生、生生、人机的实时互动教学过程。其中的“1”指学生个体，而“X”则指在网络环境中多维度交互的对象（智能计算机程序、网络学习资源、教师、其他同学、家长、社会人士等），既包括人人交互，也包括人机交互。简单地说，“1”就是指学生，“X”是交互对象，而“+”则可以理解为计算机网络等媒介。

“1+X”教学形式并不是对传统多媒体教学模式的颠覆，而是作为一种拓展和补充，弥补其在互动性、针对性、反馈及时性等方面的不足。

（一）教育信息化的需要

1. 基于当前学校数字校园建设与创新的迫切需求

计算机网络软硬件技术的不断发展，必将带动学校课堂教育教学的变革。未来数字校园与一般校园的最大不同之一，将是互联网技术带来的师生学习方式上的变革，学校的数字化建设将为师生的学习和成长提供资源、共享、交流、互动、自动化等众多应用平台，为自主、高效、扎实地开展学习提供帮助。教师将利用此平台指导学生开展最具生命力的学习活动，培养出具有探究精神、创新精神、合作精神的新型人才。

2. 基于当前课堂教学现状的深度思考

通过思考不难发现，形式丰富的多媒体课堂教学，总体上依然是一种

“点对面”式的“说教”，这种教学形式不可避免地会存在着以下一些不足。

第一，交互效率不够高。所谓交互效率低，是指教师在课堂教学中跟学生的交互是单线程的，在学生有多项交流意见的时候，只能进行“秩序式”的交流，交流效率相对比较低下。以这种“秩序式”的方式交流，受制于课堂时间等因素的影响，无法满足所有学生的交流欲望，有时还会错过很多高价值的生成性的学习成果。

第二，针对性不够强。所谓针对性，是指教师的教学设计、练习设计等面向学生设计的针对性。多数情况下，教师的教学设计一般是以大多数学生的学力情况进行分层设计，包括练习的设计也无法做到精确对应到每一个学生。事实上，每位学生的“最近发展区”不一样，因此，针对性不强的设计在一定程度上会阻碍学生个体的最优化发展。

第三，主动性不够高。学生的学习主动性，直接影响到学生的学习效率和学习效果。传统的课堂教学因为针对性不够强，以及“秩序式”引起的参与度不够高等问题，导致部分学生的学习成就感不能得到很好地满足，传统的练习手段又不足以充分地调动学生的学习兴趣等，这些都在一定程度上导致了学生学习的主动性不够高。

第四，反馈不够及时。一般情况下，对于学生学习评价的反馈越及时，对教学质量的促进作用就越大。课堂教学中反馈的信息是多方面的，除学生的神态、语言、行动等肢体语言本身所反映的反馈信息外，作业情况的反馈是检验教学效果的最直接方面之一。受制于传统的人工化批改等因素，学生的作业反馈往往呈现出滞后性，这对学生错误知识和概念的修正是不利的。

从不断提高的数据容量、网络带宽、运算速度等信息技术发展趋势来看，信息技术肯定还将带动教育教学方式的再一次变革。胜蓝实验学校期望通过开展“基于网络环境下‘1+X’教学策略的实践与研究”这一课题，利用先进的信息技术优势，改善传统的教育教学过程，从而不断提高教与学的效率，提高教育教学效果，为今后普及“互联课堂”提供一定的借鉴经验。

（二）“1+X”课堂的追求

1. 提升学生的学习能力

“1+X”教学真正将学生放在了主体地位，旨在通过教师的精心设计和指导，让学生在相对更为个性化的学习环境中开展针对性学习，在不增加学生课业负担的前提下，最大化地提升学生学业水平，提高教学质量，培养并锻炼有利学生终身发展的学习能力。

（1）探究能力：培养学生的探究能力和探究精神，使学生具有发现问题、思考问题、解决问题的能力。

（2）合作能力：培养学生具有一定的合作能力，使学生学会分工，善于互助，善于分享，懂得合作。

（3）自主学习能力：培养学生能够独立地利用计算机、网络等各种途径获取知识，理解、处理、应用知识的能力。

（4）主动学习精神：通过激发学生的学习兴趣，满足学生的学习成就感，调动学习积极性，培养学生主动学习的精神。

（5）多元、综合解决问题的能力：培养学生解决问题的良好思维习惯，以及灵活、能动、多元地思考和解决问题的能力。

2. 提升教师的专业素养

（1）教育理念的提升：让参与实验的教师探索“1+X”教学形式，不断反思和优化课堂教学流程，不断深化对素质教育的认识，逐步提升理论修养，从而更好地指导自己的教育教学工作。

（2）现代教育技术应用能力的提升：让教师掌握先进的计算机软件技术、网络操作技术和课件、学件制作技术，具备较强的现代教育技术应用能力。

3. 丰富教学软件资源，促进学校整体的信息化水平

（1）完善自建资源库：通过研究与实践，开发和积累适合“1+X”教学的教案、课件、学件，逐步丰富和完善学校教育教学自建共享资源库，提高资源使用率。

（2）提高资源利用效率：通过研究与实践，搜索和整理各科、各类教育教学需要的文字、图片、音频、视频等多媒体素材，减少教师备课、上课搜集

资源的工作量，提高学生获取和使用资源的效率。

二、“1+X”的校本实践

（一）多途径支撑

1. 引进理念

胜蓝实验学校是浙江省唯一的一所参与中国教育发展基金会－戴尔“互联创未来”项目实验的学校，实验组成员分别赴广州、常州、成都、西安、杭州参与“互联创未来”实验项目的培训学习、交流；同时，学校还聘请“互联创未来”项目培训讲师、上海市教科院研究员、博士生导师蒋鸣和教授，下城区教育技术中心蒋先华，下城区实验学科教研员为课题的开展提供智力与技术支持。此外，在整个实验阶段，还不断得到中央电化教育馆蔡耘副馆长、王荣良教授等专家的理念引领和指导。

2. 资源保障

2011 年，实验伊始，学校建立了专用的“1+X”教学专用实验教室，配备了 2 台触摸屏电脑，主要用于教学实验项目，进行实验班的数字化教学。网管信息主任为课题组的教师在课件制作、学件制作、网站应用的硬件设备保障和程序方面给予指导。此外，课题组教师参加培训后带回了丰富的数字化课程资源。

（二）课内外探索

1. “1＋X”的课内学习策略

首先对义务教育阶段部分年级的数学、英语、科学的有关内容和现有的数字化资源模块加以挖掘、提炼和融合，选取可行素材，有针对性地在课堂实行研究方案，探寻基于网络的“1+X”课堂教学策略。

（1）借助数字化环境，构建优质的多向交互

学习环境是一个复杂的系统，基于不同的视角和理解可以形成不同的框架。“1+X”研究旨在变革传统课堂教学的“传递—接受”模式，着力构建由课堂教学与信息技术手段干预构成的数字化学习环境，形成一个立体化、全方

位的交互式教学模式。它强调以学生为中心，要求学生成为信息加工的主体，同时亦要求教师是推动学生主动学习的帮助者、促进者，以便师生在和谐、愉快的情境中实现交互。

① 提供多种媒介支持，大力拓展交互园地

“1+X”教学课题的特点之一是知识的单向、双向、多向交流均可在一堂课中多次展开。关注并探索网络环境下“1+X”课堂教学中，以学生为中心的“1”，如何与多个“X”（教学媒介、教师、多位学生）之间进行互动。如图 8-1 所示的关系，实验研究“1+X”的课堂，基本都是由教师、学生、互动白板、学生终端学习机、互联网络、黑板及板书组成。教学媒介绝大多数都是信息化产品：互动白板、学生互联终端机、麦克风、耳麦等。

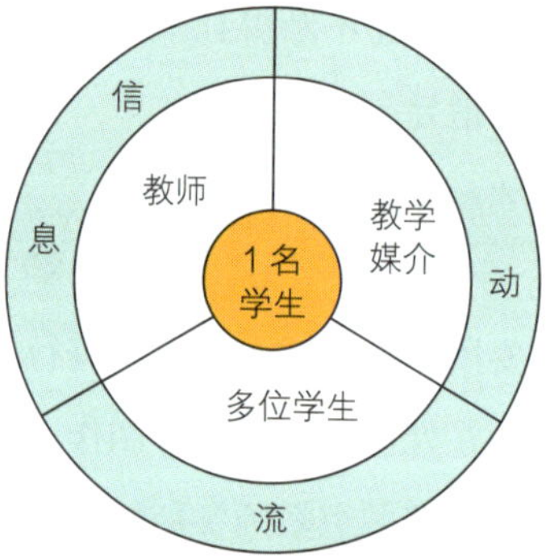

图 8-1 “1+X”课堂信息流动图

在深入课题的实践中，教师们深有感触，在“1+X”的单节课堂上，其知识（即信息）量是非常巨大的，它是以一种超文本的组合形式存在，包括文本、图形、静止图像、声音、动画和视频等。七种不同形式的信息量在课堂上呈现，实现了知识的高频信息流动。

这种“1+X”课堂教学特有的交互式的师生协同学习形式保障了教师与学生、学生与学生之间可以就课堂环节中的某一知识展开交流和讨论，是真正意义上营造的学习氛围，让学生“沉浸”式地学习知识。

② 精心设计探究支架，实现多种交互并存

教师给予学生丰富的动手实践的探究材料和足够的时间与空间进行验证，学生自主思维在操作与推理中层层推进。教师通过问题引发学生思考，并相机出示学习探究单，对学生的思维加以引导，并让这种联系通过学习软件进行量化，学生只需要简单的操作就能省时、高效地实现探究学习。

探究单的设计比较明确而又简要地阐述了学习任务与方法、学习过程中的构建支架和启发思维的问题，学生对整个操作流程非常清晰。设计的前三步试图让全体学生在有限的时间内根据自己的信息技术能力、计算能力、理解能力自由创造；最后一步则是在生本、人机交互的基础上进一步加强生生交流，让学生通过自主学习和小组交流，在集思广益的基础上，深化知识的理解和掌握。

以上教学环节正是引导了学生充分利用网络环境下“1+X”教学的优势，让每个学生遵循从特殊到一般的规律积累基本活动经验，通过操作、填写报告单，进行人机、生本、生生交互。学生利用计算机根据探究单开展主动学习和自主学习，通过自主实验，进而得出共同学习的结论。而此时的教师作为组织者、引导者、共同研究者可以来到特别需要帮助的学生中进行师生交互。这样的课堂转变如图 8–2 所示。

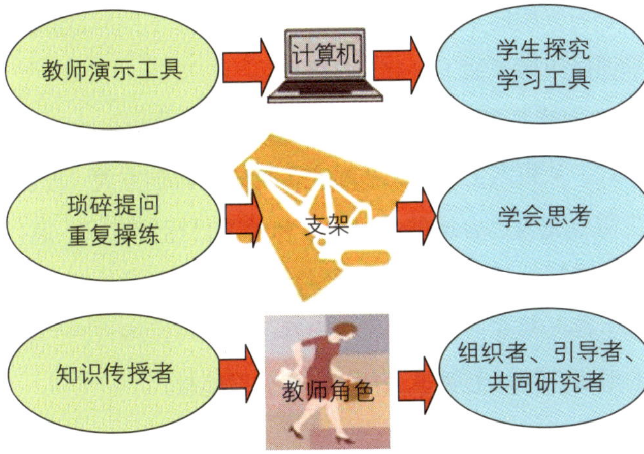

图 8–2 “1+X”课堂面貌

学生自主探究的课堂是基于问题的学习，通过提供信息、资料、工具和情感交流等多种途径使学生在不断的体验和探究中获得知识、发展能力。

（2）借助数字化环境，有效实施个别化教学

在数字化环境下，可以充分利用网络的优势，立足学生个性差异，考虑

到学生的原有学习基础、认知结构、学习兴趣、态度、学习方式和教学之间的相互作用，采用不同的教育教学方式适应不同学生的不同需要。在一定程度上兼顾差异，满足学生的个性发展需要，实施个别化教学。

① 新授环节，分层辅导

针对不同学科特点，改进或重构各学科开展“1+X”教学的基本教学流程，并形成具有一定普遍适用性的课堂教学模式。开发形成一套从预习、备课、上课、学习、练习、评价、分析、反馈、复习等模块在内的课堂教学支持系统。

② 探究环节，分层施教

这是有关开展师生交互、生生交互、人机交互的方式方法问题。在课堂中，可以带着问题来，带着问题走，这一来一走并不是简单的老师提问学生回答，而是在新环境下，学生在进行了学习后产生问题，在课堂内通过多维交互学习解决问题，在解决问题的过程中产生新的问题，发生新的探索。

差异性分层自主学习活动正是应用计算机教室的控制平台，针对不同学业水平和不同学习兴趣的学生，开展不同学习内容和不同问题解决方式的个性化学习。科学课题组做了如下研究。

现有的大多课堂是教师使用多媒体投影仪进行教学，这无法改变教师说教和演示的形式，从根本上还是无法改变传授式的教学方式。要真正体现探究式学习，学生需要在自己合适的学习内容和学习目标情境下，通过小组合作，发挥每个同学的特长，共同完成一个项目。所以，课堂设计理念需要体现分层探究学习。学生每人都有一台手提无线上网电脑，可以将自己的想法和设计方法通过互联的形式在网站上展现，充分体现分层施教。

《种子发芽实验（一）》教学设计片段

1. 研究这些条件是否影响种子发芽，先要选择一个条件进行研究，然后按照同样的方法再一一研究其他的条件。

2. 学生自由选择研究内容，及时进行统计。（预设：水组、光组、温度组、土壤组等，可在此适当排除不适合课堂研究的内容）

3. 阅读书本第3页的实验计划，思考需要从哪些方面来设计研究计划。指导学生分析实验计划的相关内容，并指导学生写计划时要注意回答问题的完整性。（预设：学生的阅读能力、分析能力的体现）

4. 课件出示教师范例模板。

范例模板

提出问题	绿豆种子发芽是否必须要有水?
推测	绿豆种子发芽必须要有水
两个组相同的条件	温度、空气、阳光，各三粒大小相同的同品种同批次的绿豆种子
两个组不同的条件	水
实验的方法	对比实验：A组种子得到水，叫实验组；B组种子得不到水，叫对照组
实验的步骤	1. 取两个一样的杯子，铺上相同量的棉花，各放三粒绿豆（准备材料相同） 2. 一只杯子内每天加少许水，另一只杯子内不加水（不同条件） 3. 两只杯子同时放在阳台上或同时放在桌子上（存放地点相同） 4. 每天观察并记录（记录）

师：这个实验计划与书本上的实验计划有些不同，增加了一项内容，就是实验步骤，请仔细观察实验步骤是否符合对比条件的要求，并仔细说明。（这个环节培养学生的分析能力，引导学生在设计对比实验时控制条件的严密性）

分小组讨论如何设计实验计划。

（1）你们想研究什么问题，计划怎样做?

（2）你们预测结果会是怎样的?

（3）你们的研究中，改变了什么条件?

（4）哪些条件是没有改变的?

（5）怎样知道改变的条件是不是对种子发芽产生了影响?

（6）在实验研究过程中还应该注意什么?

5. 分发实验计划单，学生完成自己的实验方案设计，教师巡回指导，鼓励选择相同条件的学生互相交流。以小组为单位，人机交互填写实验计划单。

6. 设计对比实验计划并进行交流。

（1）教师巡回期间对先设计好的小组进行评价和指导，以便更正实验计划。（一般情况指导 3~4 组）

（2）全班交流汇报，先请提高版小组汇报。

（3）再请普通版小组汇报，让全班同学指正。

7. 每个学生修正实验计划。

探究内容：提高版的学生每人选一个条件进行对比实验操作并记录。普通版的学生从水和适宜的温度两个条件中选择一个条件进行对比实验操作并记录。学困生只要回家放好两杯绿豆种子到相应的位置，每天观察即可。

③ 巩固环节，分层练习

以云技术和大数据理论为指导的教学评价平台，将有针对性地为每位学生提供最少的练习量，换取最大的复习效果，真正帮助学生实现轻负高质。

例如，4 年级下册数学《三角形的内角和》一课，将巩固练习以及教师适时的温馨提醒制成了一组有针对性的学件——三角能量。教师将分层练习的内容设置成重重关卡，在相同的时间内，比一比谁获得的三角能量多，学生每过一关，可以获得相应的三角能量。这是对学生最大的激励和挑战，不仅是对数学特长生的关爱，更使教师能全身心地投入对薄弱生的个别辅导，让不同层次的学生根据自己的能力、自己的智慧克服重重困难成功闯关，从而体会成功的喜悦，既面向全体，又实现真正意义上的分层教学和个性化教学。

本课练习正是充分利用计算机这一现代教育技术的智能、共享、实时互动等独特作用，将巩固练习以及教师适时的温馨提醒制成了一组有针对性的学件，不同层次的学生置身于这个电脑小游戏的过关情境中，都乐此不疲。

（3）借助数字化环境，优化课堂的反馈评价

提供课堂交互反馈教学平台，实现全班学生与教师的同时互动。每位学生都可获得在课堂上主动学习的条件和与教师交流的机会。教师实时地得到学习效果的动态反馈，了解全班学生答题的整体状况。教师和学生同时可以看到统计结果，教师根据学生的反馈结果有针对性地讲解题目并公布正确答案，这样会使每位学生都在课上最大限度地受益。

①借助教室管理系统，让反馈更实时、有效

在网络环境下“1+X”课堂教学环境中实时采集与反馈学生整体学习情况的信息技术应用软件，先进的分析系统还将结合学校研究的“三层分析法”理论，为校领导、教师、学生提供不同的评价数据，包含横向、纵向的成绩分析等，为学校科学决策、教师针对学生整体薄弱环节进行辅导提供帮助。

学生在经历了网络环境下的探究后，教师也通过大屏幕了解了学生的实时探究。为了让所有的学生都信服这一结论，教师需要进行及时的反馈。在传统的教学环境下，反馈多采用学生的实物展示和学生对实验结果的讲解以及教师的补充等方式，这样的交流方式单一不说，而且因为很多时候无法还原过程而带来了很多的遗憾。而在“1+X”的教学环境下，完全可以弥补这一遗憾，让交流方式更多样和反馈更加充分、有效。

例如，《平行四边形的面积》一课，通过反馈，充分利用学生机演示的反馈方法，先反馈了学生操作中没有沿着高剪的作品，引导学生进行充分的交流，在交流和实际的操作后，学生得出结论：必须沿着高剪，否则剪出来的仍然还是平行四边形，对验证平行四边形的面积的计算方法没有帮助。接着，反馈大小形状不同的平行四边形剪拼成长方形的例子，通过学生机的演示，同学一边操作，一边讲解（怎么创作，沿着什么剪，新图形与原图形间存在着什么联系，说明了平行四边形的面积可以怎么来计算）。同时，作为合作者、参与者、平等中的首席——教师也借助自制探究平行四边形面积的学习工具，制造了特殊的平行四边形。由此，让学生对“平行四边形的面积＝底×高”这个结论深信不疑。从特殊化到多元化再到特殊化，整个反馈按教师预设的顺序进行，脉络清晰，结构清楚，不仅有效地帮助学生归纳结论，而且有助于加深对“任意”和“所有”等数学语言的理解，真正实现意义建构。

在这个反馈环节中，除了有像传统课堂一样的师生、生生交流外，网络环境下的“1+X”教学又让教师、学生、教学内容等诸多学习相关要素，通过媒介作用，实现了更为便捷充分的对话反馈，而基于技术平台的常态化的丰富的学习体验，突出了学生的主体地位，让学生在对话、发布、互评、角色扮演等众多学习机会中发展成长。

② 开发课堂反馈技术，让反馈更有针对性

即针对不同学科特点，改进或重构各学科开展“1+X”教学的基本教学流程，并形成具有一定普遍适用性的课堂教学模式。开发形成一套从预习、备课、上课、学习、练习、评价、分析、反馈、复习等模块在内的课堂教学支持系统。

成功的教育应该基于学生的具体情况和学生特质。当学生可以按照自己的进度学习，并实时地看到不同选择的结果时，他们就能更好地消化新知识。英语课题组在研究课的人机互动形式上集思广益，并请相关技术人员为课程专门编写程序，做成小应用，在课堂上实施研究。

每位学生回答在线试题并立马知晓结果；每位学生的读音是否与示范音相同、读音有无错误，教师当场做出评价，这是在传统课堂上不可能完成的任务，也被许多教师认为是“天方夜谭”。但是互联网的精神就是要敢于突破，发挥想象力，把不可能变为可能。作为实验先锋的英语课题组教师，运用智慧，依托互联网环境，轻松地完成了“不可能完成的任务”。英语课题组做了如下尝试：在课堂上，学生根据教师的提问，在自己的学习终端机上进行回答。系统自动判断该生的答案是否规范、正确，并自动评价。而学生则马上可以根据计算机的评价，知晓自己读得是否正确，是否需要改进。

教师通过系统反馈，立刻检阅学生的做题情况。教师一边巡视学生的学习进度，一边可以查看大屏幕上系统的总体反馈，哪些学生做得好，哪些学生有待改进，哪些题目学生做得好，哪些题目学生的错误比较一致，从而调整自己的教学策略，对错题进行集中讲解。也可以针对某个学生，根据他的学习状况，给予其指导和帮助，达到某种意义上的因材施教。

就像镜面一样，所见即所得。无论是学习者，还是教学者，都可通过有网络环境的系统——镜面的反馈信息来确认自己的语言习得或教学结果，从而使自己及时纠正语音、语调、语流等，发现教学环节和内容中的问题，调整学习或教学的策略，帮助教师更加精准地教学，巩固学生的综合语言运用能力，提高学生自身语言习得的学习习惯。

开发网络环境下“1+X”课堂教学环境中实时采集与反馈学生整体学习情

况的信息技术应用软件，以此提高反馈评价的速度与效度。在开发软件的过程中，不断完善现有的教学质量分析体系，从即时反馈、当堂反馈等多个层面对学生的学业做出科学客观的评价。

2. "1+X"的课外学习策略

（1）成立一对一数字化学习社团

基于网络的学习社团，其活动内容以课外知识学习、数学思维训练、数学方法辅导为主，学生在活动中，拓展思维，提高水平，快乐而有趣地学习。学校借力中国教育发展基金会－戴尔"互联创未来"项目，分享戴尔提供的大量学习资源，成立相关学习论坛，让学生进行网上研讨，交流心得。同时，利用社团时间，实行教师授课，引导学生利用该项目提供的资源以及网络环境下的数字化学习中心，探究有趣的数学问题。

（2）建立课外项目制

教学过程中，改变以教师为中心的传统课堂教学模式，取而代之的是以学生为中心，结合现实生活的问题与实践进行的探索、研究、总结的学习活动，让学生逐步地像科学家一样去发现问题、设计方案、研究问题、表达观点。

项目学习的主要过程如图 8–3 所示。

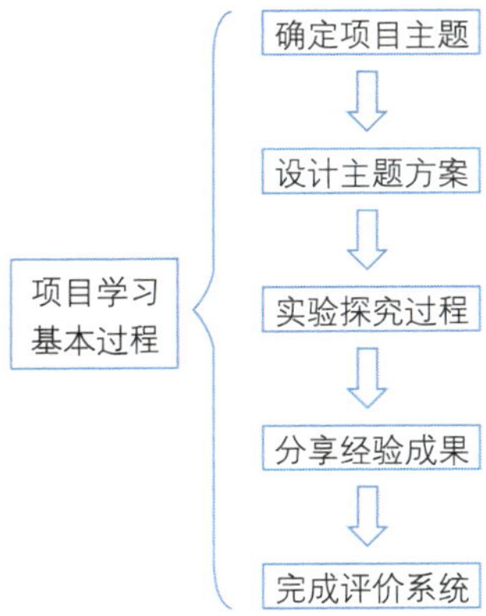

图 8–3　项目学习基本过程

① 确定项目主题

问题的产生是创造性思维的重要体现。主题在项目教学中充当的是一种结构性支柱的作用，选择和确定主题是成功开展项目教学活动的重要起点。学生是学习活动的主体，学生研究的项目主题自然需要由学生提出来，让学生在思维的火花中碰撞出项目主题。

教学中，教师要注重引出问题情境，激发学生思维。问题的情境可以是教师引出来，也可以是学生引出来，通过生活中或者学校学习过程中出现的一些异常现象，提出相关问题。在网络环境的支持下，学生通过层层讨论，逐渐地将研究的主题缩小范围，把一些不可能的因素排除，最终确立项目研究主题和各自的学习任务。

② 设计主题方案

完整的方案是严密性思维的重要体现。学生要根据教师提供的相关问题进行小组分工合作，研究他们的探究计划，每一位学生都会有一定的小任务，这个小任务就是个人项目，它是紧扣主题而确定的。通过教师提供的相关问题的设计以及小组讨论形成了一些小项目，学生接着开始讨论小组探究项目的途径：有现场观看、网上查资料、亲自做实验等。学生根据自己的小项目选择适合的途径开始进行活动计划方案的设计。

首先，设计网络头脑风暴实验方案。头脑风暴初期的方案往往都是粗浅的，不够严谨，如同写文章一样，从粗浅、不完善、不严谨到逐渐清晰、明朗、严谨、科学、可操作。在网络环境下的方案设计可以通过局域互联方式进行，学生通过网络互相学习和修改完成自己小组的方案设计。

其次，改进网络环境下的实验方案。实验方案的设计需要不断改进，学生的学习能力和探究能力就是在这样的推翻—重建—再推翻—再重建的过程中培养出来的。实验计划单可以根据学生小组讨论，网络互相学习后进行二次修改或者三次修改……直至实验计划较详细，方案严密且明确，以此培养学生的严密思维能力，促进学生学习能力的提高。

③ 实验探究过程

探究过程是动手动脑协同发展、小组合作能力的重要体现。这个过程是学生项目学习活动的重要过程，也是体现学生研究成果的重要过程。在这个过程中充分发挥学生的主观能动性，是各种能力体现和培养的重要途径。

先让学生自主完成分工，明确任务。活动需要在小组分工明确的情况下进行，明确目的，集每位学生的智慧和力量共同探讨活动实施过程与控制条件。小组分工直接影响实验操作过程，小组的合作意识直接影响团队的力量。

然后，在实验操作中，促进学生动手动脑协同发展。在动手操作的过程中引导学生学会思考问题，对方案做临时的调整和修改，对实验的过程提出更严密的方案，会从实验现象中联想到一些问题，会总结实验的结论和提出更深的问题。这就是动手动脑的实验操作过程，这种方式会让学生的创造能力得到很大的发展。

④ 分享经验成果

通过网络分享成果是学生大概念形成的途径之一。科学教学中一个非常重要的理念就是分享成果。项目教学中的成果非常明显，就是一个个完整的项目在学生的探究中形成，并展示在大家面前。通过交流能培养学生的科学观和科学态度，对培养学生的科学品质和科学的迁移能力都很有帮助。而通过网络形式让作品展示给所有人看，既达到资源共享，又起到了互相学习的作用。

⑤ 完成评价系统

在教学实践过程中，评价是很重要的一个环节，每个教师都有自己的评价经验与技巧。基于网络环境下的项目学习评价一般以形成性评价和总结性评价为主，也就是所谓的平时表现和期末考查测试成绩。

一是形成性评价。项目学习模式下的形成性评价以量规作为重要的评价工具。量规是一种结构化的定性与定量相结合的评价工具，常以二维表格的形式呈现。在表现性评价或本真性评价中，利用量规不仅可以为学生指明学习方向，同时也可以为不同的评价者提供统一的判断标准。量规从与目标相关的多个方面详细规定评价指标，因而操作性好、准确性高。将量规与作业分析等评价方法结合起来使用，可以有效降低评价的主观随意性。应用量规，可以由教师评价学生，也可以由学生自评或互评。如果事先公布量规，对学生学习还会起到导向作用。

二是总结性评价。总结性评价又称事后评价，一般是在教学活动告一段落时为把握最终的活动成果而进行的评价。总结性评价注重的是教与学的结果，借此对被评价者所取得的成绩做出全面鉴定，区分等级，对整个教学方案的有效性做出评定。在项目学习中的总结性评价一般以概念图和考查作为主要方式。在网络环境下的概念图则以思维导图为主，在网络环境下的课时考查则以电脑即时评价为主。电脑根据学生的学习检测结果自动生成客观题的成绩，即时对标红色的题目进行个别指导。

（3）展示课外学习成果

学生学习成果的展示与交流是培养学生学习兴趣的重要手段，通过校园网、学习论坛等一些网络平台，对学生的课外学习成果进行网上评价交流，通过举办博客大赛、优秀作品评比等竞赛活动，促进学生形成学业成就感，激发学生的学习兴趣。

3. 支持策略

（1）对教师和学生的信息化培训

课题对教师的信息素养提出了更高的要求，教师能根据自己的教学设计制作适合学生个性化学习的课件、学件，是保障课题正常开展的基本条件。这就需要加大对教师的信息技术培训力度，并提高学生的软件操作水平。学校化整为零地利用各种时间对教师开展信息化培训，比如校信息中心对全体教师就电子白板、计算机软件、网络应用等细节操作问题进行讲解培训，日积月累，不断提高全体教师的信息素养。利用“1+X”研究课、信息技术课以及课外时间，对实验学生进行信息化培训，提高学生的计算机操作能力与应用能力。

（2）教学资源建设

课题组针对具体的学科以及课程内容开发不同的教学资源组件库，为基于网络环境的“1+X”课堂教学策略重构提供实施基础；利用“互联创未来”项目组提供的教育教学资源，组建学科教学资源库，为普及“1+X”教学提供便利。

（3）“1+X”教学环境建设

在硬件建设方面，学校不遗余力，加大投入。购置触摸式笔记本电脑、机柜式充电设备、高性能网络服务器等设备。2013 年底，对校园网络进行了全面改造，网络系统升级为万兆核心、千兆桌面、220 兆无线网络全校覆盖。同时，配置了“1+X”专用实验室，在实验室内安装了可移动高性能无线接入设备，确保上课用的笔记本电脑能同时无线接入，满足日常的教育教学需求。在软件方面，在笔记本电脑上安装了极域电子教室系统、电子白板软件、几何画板等软件，辅助教师降低开发专业课件的难度，增强课堂效果。

（4）网络应用平台的开发

把网络学习平台引入到日常教学中，通过该平台，教师能够非常方便地发布网络课程，网络学习平台主要用于开展项目制学习活动与课外学习活动；学校还开发了英语、数学的学习评价系统，利用该系统，可以实时掌握学生学习状况，准确地对学生学习情况进行客观的过程性评价；另外，学校还改建并完善了校园网平台，建立学生成长档案，为提高学生的学习兴趣、学业水平提供帮助。

三、办学成效

（一）学校方面

1. 提升了学校整体的信息化水平

课题的实施，提升了学校整体的信息化水平。学校为每个教室配备了电子白板，有线核心网络从百兆升到了万兆，有线主干网络从百兆升到了千兆，因特网接入从十兆升到了百兆，无线网络也实现了无缝覆盖，学校服务器、交换机、防火墙等设备都做了更新，并预留出了未来发展所需要的升级空间。

硬件的提升，提高了学校数字化管理与应用的水平。两年来，学校开展各类化整为零的教师信息化培训和网络培训近 80 次，平均每位教师接受信息化培训的总时间达到或超过 10 小时，教师信息素养稳步提高；学校的办公逐渐由“管理无纸化”向“管理半自动化”过渡，学校管理效率不断提升；学生的学业自动化监控体系已经开始萌芽，学校管理层可以随时查看某位学生的学习与德育状态，学生评价体系逐步健全。

2. 丰富了学校的教学软件资源

两年内，仅项目组实验教师执教公开研讨课就有 30 余节，积累原创公开课、常态课用课件、学件、教案等 200 余个，收集整理“1+X”教学形式下适用的教案、课件、学件 300 多 GB，积累数字课堂相关课堂实录、研讨交流等视频近1000GB，开发、完善、使用网络学习软件、平台7个，学校教育教学资源库不断丰富。

（二）教师方面

提升了教师的教育理念，培养了一支专业化的研究团队。课题组多次受到国内知名专家学者的指导，有效提升了课题组教师的教育教学理念。课题组教师先后参加在广州、北京、苏州、西安、常州、成都、杭州等地举办的“中国教育发展基金会－戴尔‘互联创未来’项目”研讨会，会议参与率达到100%，教师参加人数占课题组教师总人数的60%以上，学校课题组的研究成果得到了中央电教馆专家组的高度认可。学校曾4次派教师在上述地区举行的研讨会上做“静悄悄的革命”“追求教育百分百”等主题的经验交流，6名数学、英语、科学教师曾在研讨会上执教公开展示课，校长在2013年11月举行的“中国杭州国际教育创新大会”上做了“基于网络环境下的‘1+X’教学策略的实践与研究”的阶段性成果汇报，受到了广泛好评。

（三）学生方面

1.提升了学习能力

探究能力：如前所述，教学软件以及网络学习交流平台给予了学生较传统课堂更为充分的自主探究的机会，让学生能够有机会像科学家、像学者一样在课堂上、在课堂外有更多的研究、交流的时间，不断提高学生发现问题、思考问题、解决问题的能力，学生的探究能力得到了充分的培养。

合作能力：利用网络学习平台的文件共享、网上论坛、即时通信等功能或者在学生汇报交流成果前的文档撰写、PPT制作、讲演等教学安排，都可以使学生学会分工，善于互助，善于分享，懂得合作。学生逐渐树立起一种意识：利用信息技术跟同学、教师进行无间合作，可以成倍地提高学习效率。

自主学习能力：各种学习平台的应用将课程从书本搬到了网上，并且利用计算机的技术优势，提供了比传统课本更为丰富、有趣的多媒体资源，学生在自主学习的过程中不断发展了独立使用计算机，网络获取、理解、处理、应用信息和知识的能力。

主动学习精神：丰富多彩的课件、学件以及广博的互联网知识内容充分激发了学生的求知欲和学习兴趣，学生已经不再满足于课本本身的知识，对于拓展知识的渴求触发了学生的主动性学习，满足了学习成就感，调动了学习积极性。

多元、综合解决问题的能力：探究性学习活动、项目制学习活动培养了学生解决问题的良好思维习惯，学生逐渐具备了灵活、能动、多元的思考和解决问题的能力。

计算机应用能力：课堂教学中信息技术的充分应用培养了学生良好的信息素养。实验班级学生的学习兴趣、信息检索与筛选的能力、探究能力、综合信息表达能力都较非实验班级有明显提高。

2. 提高了学业水平

“1+X”教学真正将学生放在了主体地位，学生在教师的精心设计和指导下开展学习活动，培养并锻炼了有利于终身发展的学习能力。通过课题的研究与实践，在生源不占优势的情况下，参与实验年级的数学学科成绩在全区 23 所学校中排名上升到第三位；参与实验班级的科学学科成绩由原来的全区第七名上升到全区第三名，英语学科成绩由实验前的全区中等水平上升到全区第八名。

由此可见，在不提高学生额外课业负担的同时，采用“1+X”教学能够有效地提高学生的学业水平。

下篇 | 课程衔接

第九章　下城区九年一贯制学校课程衔接的实践创新

一、机制设计：成立名师智慧空间站

构建九年一贯制学校课程衔接机制，要真正实现我们所追求的“深化改革，提高质量，促进学生全面发展”的总目标，就必须回到教学的原点，探求课程衔接的规律与机制。下城区以“深化改革，提高质量，促进学生全面发展”为总目标，按照九年一贯制学校改革发展的要求，参照现行课程标准及其教科书，从本区及各学校具体实际出发，着眼于九年一贯，着力于小初衔接，着手于整合与衔接、调整与修订，重构九年一贯制学校学科课程标准和教材，研制语文、数学、英语、科学 4 门学科课程衔接方案，凸显九年一贯制学校课程衔接这一核心优势。为突出上述优势，推动政、教、研一体化，提高项目工作效率，下城区教育局创建了“名师智慧空间站”（以下简称空间站）研训机制，并于 2014 年 3 月成立了以中国教育科学研究院下城教育综合改革实验区专家组组长杨九诠领衔的“下城区九年一贯制学校课程衔接研究与实践名师智慧空间站”（以下简称杨九诠空间站）。以此为载体，深度融合浙江省 360 学时培训项目，深入开展“九年一贯制学校课程衔接的研究与实践”项目。

（一）名师智慧空间站

名师智慧空间站是以导师为引领，以学科为纽带，以智慧型教师成长为重要任务，集教学、科研、培训等职能于一体的区域性名师成长共同体。它以《下城区人民政府关于进一步推进人才强教战略的实施意见》和《“双十百千”智慧教师梯度培养实施方案》为工作指南，探究名师成长规律，探索名师“群生长”模式，打造领军人才，实现资源共享，为全区教师专业化成长服务。空间站有明确的工作目标、特殊的组织架构，成员各司其职，监管科学，保障到位。

空间站既有基础性目标，也有发展性目标。一是培养骨干教师，根据每位教师的专业基础与潜质，制订个性化培养计划，帮助教师选定成长突破口，力争在课堂教学、教育管理、教育科研等某一个方面有比较大的突破，努力让大部分研修学员成为在杭州市有一定影响力的学科带头人。二是服务一线教师，形成符合本学科教师专业发展的课程资源，充分利用教育现代化手段广泛收集、整理优质教育资源信息，以“课程在线”等网络为平台，建立相应的名师网络空间站，建立特色网站、专题网页或空间站微博，使之成为空间站工作动态发布、成果辐射推广和资源生成中心，扩大名师辐射半径，突破师训的时间、空间限制。三是积极参与区教育研究发展中心特色研训课程资源建设，参加并承担部分省、市、区各级师训部门组织的360学时教师专业发展培训和各类名师培训任务。四是开展课题研究，促进空间站申报市级以上课题研究，形成较高质量的研究报告、科研论文或学术著作。五是建设特色课程，积极参与并指导各成员学校开展特色学科研训基地建设，使相应学校、相应学科教学水平和质量在原有基础上有较大幅度提高，并以特色课程建设为抓手，提升空间站和研修教师的课程领导力、创造力。六是推广研修成果，以论文、专著、讲座、公开课、论坛、研讨会、报告会、专题纪录片等形式在全区、全市乃至全省、全国范围内交流、推广研修成果，定期组织空间站学员到农村送教，或与边远地区学校结对帮教，切实发挥示范、辐射作用。

名师智慧空间站由领衔导师、研修教师和定点校（园）组成，根据实际需求，聘请区外具有较高理论学养和实践能力的专家导师。名师智慧空间站一般设在主持人所在学校。领衔导师一般为国内知名专家、下城区“人民教育功臣”（五星级教师）、特级教师、教育名家（四星级教师）或学科研究员（具有中学高级职称），主要职责为：制订名师智慧空间站工作计划和学员周期培训计划，建立空间站工作、学习制度；引领核心成员、学员加强师德修养，增强职业认同感和荣誉感，传授教育教学专业技能，提升育人智慧；组织开展教育教学研究，周期内至少完成规定的教学论文或研究报告；对学员进行考核和评价，建立空间站学员成长档案；组织成果展示和推广，积极宣传工作成效。

研修教师一般为区“教育英才”（三星级教师）、教育标兵（特指年龄在35周岁以下、二星级的青年教师），在课堂教学、教育科研或教育管理方面特别优秀的一星级或暂时没有评上星级的教师，负责科学制订个人专业发展规划，自主开展各项研修，努力提高研、训、教综合素养，积极参与研修考评，并撰写个人专业发展专题报告。

定点校（园）是空间站所设的学校或幼儿园，负责提供满足研、训、教一体化工作需要的办公、活动场所和便利的设施设备，并结合名师智慧空间站的研训工作，统筹安排校（园）相应学科教师专业发展研训工作。

名师智慧空间站及相关人员的考核采用过程性考核与终结性考核相结合的方式。考核按有关评估标准进行。考核内容主要包括空间站自身建设情况、职责履行情况、名师作用发挥情况、学员培训学习效果情况、教育教学科研成果情况、培训经验和成果推广情况等，并将空间站所在学校积极支持空间站建设，加强管理和服务的相关工作情况纳入校（园）考核体系。考核获优秀等次者由区教育局予以表彰和奖励。

下城区在组织、经费、激励等方面给予空间站有力的保障。区教育局成立“下城区名师智慧空间站建设管理领导小组”，由区教育局领导和相关科室负责人组成；下设办公室，负责组织、协调名师智慧空间站日常建设管理工作。研修教师所在单位应为学员学习、作用发挥、成果推广等方面创造必要的条件，并将教师在空间站的研究计入工作量。区教育局设立专项经费，单独列支，专款专用，用于名师智慧空间站工作开展和项目实施，保障空间站运行所需的各项业务经费。同时，制定了多样化措施进行激励，包括：领衔导师每年享有一定时间的学术假，评优评先、晋职晋级优先考虑，为领衔导师提供高级研修、挂职锻炼、学习考察的机会，支持其开展海外高端研修活动，资助出版专著等。

（二）杨九诠空间站

杨九诠空间站以课程衔接所包含的课程目标及依据、课程内容及结构、课程实施及教学建议、课程评价、课程教学资源等为研究方向。空间站工作推进主要采用四种方式：一是以课程衔接方案研制为主要任务，着眼于学术性与前瞻性、实践性与针对性，确保方案的水平和质量，初步构建九年一贯课程体系。二是以行动研究为主要研究方法，以课堂为行动研究的主场地，学生发展为行动研究的主目标，着力于问题解决与任务完成。三是以学术沙龙为主要活动方式，推进计划性议题的展开和深化，推进学术沙龙在各成员校轮流开展，发挥本项目的辐射功能，带动和推进各成员校课程衔接工作。四是以听课、评课为主要评估手段，将课程衔接落实在教学、落实在课堂；将教师反思与专家视导相结合，促进教师专业发展，确保本项目的实践适性和实践效度。

项目原则上分为三个阶段。第一阶段：组建本项目研制队伍。按照本项目目标和要求，对现行课程标准和教材进行排比、分析和重组，完成各学科课程衔接方案的初稿。第二阶段：对初稿全面进行备课、教学、评价等环节的实践，形成一系列较为完备的课例研究文本。第三阶段：进一步修订完善，以课程标准与教学计划为主体，包括课例、活动设计、作业系统在内的课程衔接方案，对方案进行整体评估。按照《教育部关于 2013 年深化教育领域综合改革的意见》“深化中小学课程改革，加强课标制定、教材使用与考试评价的衔接”的要求，构建年级、年段纵向衔接，各项工作内容横向衔接的新的九年一贯制学校课程体系。

项目对工作机制进行创新（见图 9-1）。行政领导、学校参与、专家指导构成了项目的组织架构。上下贯通、内外联动、条块结合是本项目组织形式的运行机制。

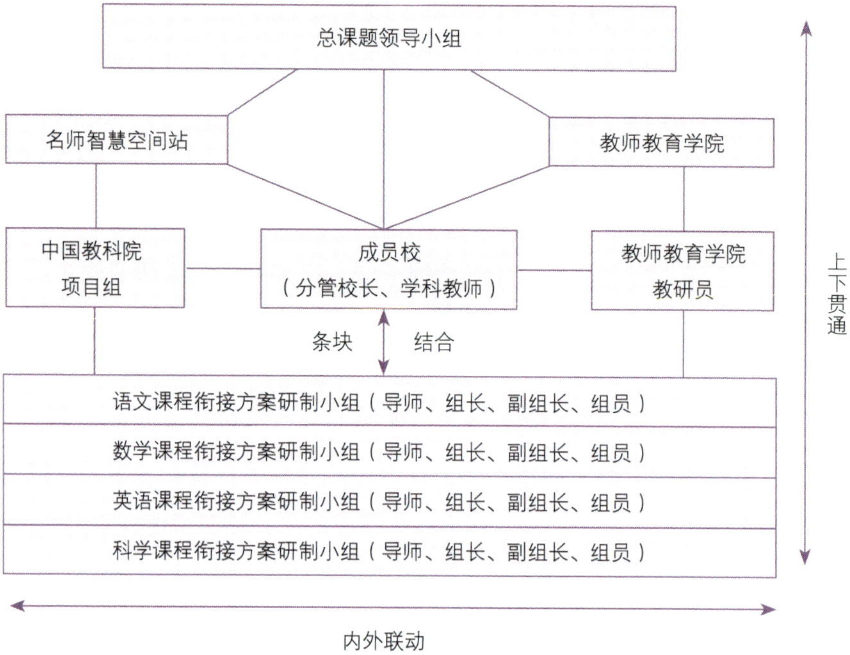

图 9-1　九年一贯制课程衔接运行图

上下贯通。行政部门（教育局及其相关部门）与教研部门（教师教育学院）以及各学校、各学科课程衔接方案研制小组上下互动。项目在实施过程中，还得到了省市两级教研室的指导。市教研室还安排学科教研员对各学科课程衔接工作进行对口指导。为推进项目持续、深入地开展，下城区教育局加紧协调，将努力形成省、市教研室，区教师教育学院，学校教研组四级教研系统的上下贯通机制，争取上级教研部门更全面的专业指导和工作支持。

内外联动。下城区教育部门、各学校与中国教科院实验区专家组及课程衔接项目组内外互动。中国教科院为此成立了包括国内知名专家在内的课程衔接指导专家小组。实验区驻下城专家组对各九年一贯制学校进行了多轮课程衔接专题调研。指导专家小组深入实验区进行现场辅导 5 轮以上，并对 4 门学科的课程衔接方案和课例研究文本进行了 2 轮以上的详细书面辅导。

条块结合。各学科课程衔接方案研制小组与各学校之间形成学科的线与学校的面的条块互动。“条”指语文、数学、英语、科学 4 门主要学科。4 门学科分别成立课程衔接方案研制小组，小组由成员学校该学科教师、教师教育学院该学科教研员组成。组长由教师教育学院该学科教研员担任，副组长由安吉路实验学校该学科教师担任，以期充分发挥安吉路实验学校的示范、引领作用。中国教科院相关学科专家分别担任各小组导师。“块”指安吉路实验学校、景成实验学校、大成实验学校、大成岳家湾实验学校、胜蓝实验学校、明珠实验学校 6 所九年一贯制学校。成员校分管教学副校长参与本项目，负责本校 4 门学科的课程衔接领导工作，牵头协调在本校举行的学术沙龙、试课、听课、评课等工作安排。成员学校派遣该学科中小学骨干教师参加本学科课程衔接方案研制小组。条块结合机制，对工作的深度推进发挥了重要作用。

二、路径选择：方案设计与课例研究

下城区教育局主要选择了两种路径来推行改革：第一种路径是方案编制，通过对课程标准的研究和 9 个年级教材尤其是 6、7 年级教材的梳理，逐条列出学生学科能力的全部表现，在此基础上标出课程衔接点（块），并简述衔接理由和教学建议。第二种路径是课例研究，通过课例研究，做好衔接课程的研究、开发和开设。

（一）衔接之设计

九年一贯制学校课程衔接尚缺乏现成的经验可以借鉴。策略的设计与选择，主要是基于下城区九年一贯制学校既有的经验和做法。这些经验和做法，虽然总体上还处在自我探索、自我理解的初步阶段，缺乏必要的制度和机制保障，但源于下城、基于学校，且可以列举的亮点较多，因而弥足珍贵。下城区九年一贯制学校课程衔接研究和实践项目推进策略，主要是在总结下城经验基础上转益多师，在创新设计中有所斟酌、有所选择，进而形成了有利于有效推动课程衔接的工作体系。

第一，着力于小初衔接，着手于 6、7 年级衔接。因为这两个衔接点的跨度最大、问题最典型、需求也最为紧迫。在做好这两个衔接点的基础上，再行分阶段扩展，真正做到义务教育阶段课程、教学衔接畅通。这也是下城区 6 所九年一贯制学校现在所采取的基本工作步骤。

第二，通过初三复习课，来统观和总揽全部课程，并与主攻的小初衔接相呼应，形成相互促进的课程衔接的良好局面。复习课在比较紧凑的时空单元里回顾检视，能够将常规教学中忽视的不够衔接的点和面暴露出来，在提高复习课质量和效率的同时，可以及时反馈到常规教学环节。这就需要将复习课视为重要的课程机会，变革传统的应试教育的复习课的形态。复习课须防止过度考点化，加强主题化和专题化；防止过度材料化，加强课程化；防止过度习题化，加强学习化。发挥课程衔接工作对复习课的独特作用，并通过复习课的变革，推进课程衔接工作。这一方面，安吉路实验学校已经有了一些成功的经验。大成岳家湾实验学校的“121”的后一个“1”，也主要着力于此。

第三，通过课例研究，做好衔接课程的研究、开发和开设。把课例研究作为实施课程衔接、深化课程改革的内驱力。转变专家文本化、教师执行化的课程研究实践模式，让校长成为课程领导者，让教师成为课程研究者和开发者，让他们各自形成独特的话语方式、思维方式和工作方式。在课例研究中，主题选择的目标性、问题解决的任务性、同伴共同参与学习的方式、不断反思持续改进的取向，都非常适用于课程衔接这样的实践性命题。现在各学科课程衔接方案研制小组在课例研究方面已经取得了初步的成果。

第四，通过制度建设和文化建设，开展跨教学、跨教研，打破小初体制界限，改变学科之间分割的局面，使不同阶段、不同学科的教师、课程、教学真正做到“相见、相识、相处”“融入、融合、融通”，切实推进课程衔接工作。上述几条，也都应该多多采用“跨教学”“跨教研”的活动。制度性的、持续的跨教学、跨教研活动的开展，也能够促进学校学习型组织的建设，促进教师的专业发展，促进校本课程和新型课程文化建设，而这些也是深入、持久、高质量地构建课程衔接工作的优良教育生态的客观要求。

（二）课例之研究

实施课程衔接，是深化课程改革的要求。实施课程衔接，既是在深化课程改革的阶段落实国家课程，也是国家课程校本化实施的一项举措，还是更广泛的校本课程开发、开设的着力点。基于课程衔接的课例研究，是深化课程改革、学科教学改革、课堂教学改革、校本课程建设的重要行动，是校本研修、校本教研、校本培训的重要的方式、方法。因此，基于课程衔接的课例研究，不应该是暂时的和孤立的、随机的和即兴的，以及源于个人偏好和同事间友谊的行为；而应该制定相应的制度，提高课例行动的组织化程度，从而使之得到必要的组织保障和制度保障。可以说，组织化程度与课例研究的持续性、有效性、影响力，以及水平与质量直接相关。

行政与教研的配置，是我国中小学颇具特色的重要的体制架构。其中，省—市（地区）—县（区、市）—校的四级教研体系，更是极具中国教育特色的制度设置。1952 年，教育部颁布了《中学暂行规程（草案）》和《小学暂行规程（草案）》，明确提出了中小学要建立学科教研室和学校教学研究会议制度，首次对中小学教研组的设置做出了规定，这成了我国教研组成立最早的法规依据，也标志着教研组以国家文件的形式在中小学正式确立。1954 年，中央人民政府教育部向全国各大行政区教育局、各省市教育厅、局通报了北京市《关于提高北京市中小学教育质量的决定》，通报指出："各级教育行政机关必须加强对教学工作的领导，有计划有重点地检查教学工作，给各校以具体指导；有条件的地区应建立专门机构，管理教育研究与教学指导工作。"此后，全国各省级教研室先后成立。随后，各地市、区县教研室也开始建立。虽然教研室建立的时间先后不一，但都设立了专门的组织机构，有专门人员从教学岗位中分离出来从事教学研究工作，这标志着教研制度的正式确立。

根据区域特色创新发展教研制度，重新建构教研体系和组织结构是下城区开展课例研究的显著优势和重要保障。下城区继续发展多层次的政、研、训一体化，以完善课例研究的组织体系。在这一体系中，围绕课程衔接研究，区域教研、跨年级教研、跨学科教研三者有机结合，形成教研网，既保障了研究工作的顺利有序进行，也扩大了教研受众，进而促进区域九年一贯制教研质量的整体提高。

课例研究对建立和完善校本研修制度、提高校长的课程领导力、促进教师真正成为课程的研究者和开发者，具有不可替代的作用和意义。课例研究是推进课堂教学改革、实施课程衔接的重要行动。引入课例研究来实施课程衔接，这与深化课程改革的精神和要求具有内在一致性。课例研究对课程衔接，从理论的角度看，正中其意；从实践的角度看，正得其宜。课程改革落实在学校层面、学科教学层面，都离不开课例研究。也就是说，我们或多或少、程度不一地都在做着课例研究，只是可能不那么明确，或者游离在自在与自为的中间状态。强调课例研究并以此作为开展课程衔接工作的主要方式，就是要在学校层面、学科教学层面将课例研究制度化、任务化、组织化、常态化，使之更规范、更清晰，更自觉、更有为，更得力、更出效。正是课例研究，使课程衔接的研究和实践与我们自己的话语方式、思维方式和工作方式高度融合。目前，语文、数学、英语、科学 4 门学科的课例研究稳步开展，并形成了若干课例研究文本。

三、工作特色：展示引领，全面渗透

可以说项目伊始，成效就随着工作的开展不断显现。首先在于，项目盘活了下城区九年一贯制学校在课程衔接方面的既有资源，激活了学校、教师乃至学生和家长在课程衔接方面的意愿和能量。更重要的是，项目的一系列实践创新，尤其是条块结合的工作机制，使项目开展的过程在一定程度上成了成效逐步显现的过程。在工作进程中，课题组特别重视开展学科课堂展示和阶段性总体交流。在展示交流中，一方面注重专家高位指导，引领课堂衔接科学前行；另一方面注重教育行政全程领导，保障课堂衔接持续推进。

各学校都安排了包括分管教学副校长在内的至少 9 位教师参与本项目名师智慧空间站。项目实施过程中，还有许多非项目组成员的学科教师参与。目前，本项目名师智慧空间站成员共 65 人。项目开展以来，举办了 20 次左右的学科课堂展示交流，并集中 3 次进行了 4 门学科的交流研讨。各学校学科教师参与相关研讨、培训和听评课活动达 600 多人次（其中计入国家规定的教师 360 学时培训的为 18 场 542 人次，参与相关活动的非项目组成员未计算在内），在推进学科课程衔接工作的同时也有效推进了各成员校的课程衔接工作。项目组教师在参与项目研究、培训和课堂展示过程中，不断结合各自学科从对项目研究与实践的基本认识、研究现状、具体教学实际、衔接内容及依据、初步实施方案设计等方面进行探索和反思，形成了课程衔接的本土化和校本化的理解，并积极开展了课程开发、课堂教学的实践。衔接工作根据学校的不同实际，关注学情，在设计过程中重视呈现学习的过程，关注学生学习方法、知识结构、运用能力和情感态度等方面的衔接，为学生进入新的学段打下良好的基础，整体推动学校课程建设和教学质量的提高。

课程衔接专家对项目开展进行科学高位的指导，辅助学校、教师和教研员从国家课程改革方向、课程价值取向、技能培养与核心素养发展等方面思考课程衔接。通过专家指导，学校、教师和教研员更能够在教学中增加教学资源供给，创设丰富的可选资源，帮助学生完成自学计划；更能够提供合适的内容与有效的方法，激发学生的学习动机和内在动力；更能够从课程理念、专业素养、教学能力、教学科研等方面制定和执行九年一贯教学课程衔接的策略。学校层面，也更加注重从制度建设和课程文化建设方面加深、拓宽课程衔接。

行政支撑在阶段性交流展示中发挥了重要的作用。教育局领导多次在各阶段的总体交流会上提出了工作期待，要求通过项目研究，形成特色的制度体系、构建完善的课程体系、变革传统的评价方法，形成区域九年一贯制学校创新型办学的丰富样本。参与研究的学校及成员的责任意识、主动意识、规范意识、积累意识不断提升。项目学校将九年一贯制学校课程衔接作为工作核心，积极推进下城区九年一贯制学校创新型办学，寻求缓解小升初压力，重组教育资源，实现下城教育新发展的有效途径。下城区教育教学“研—训—教”一体的良好传统和优势更加凸显，基于九年一贯课程衔接的教学、教研和培训的质量不断得到提升，课程衔接研究与实践项目的整体性、系统性成果正在形成，区域推进九年一贯制学校创新型办学和课程衔接的样板雏形已现。

同时，以课程衔接方案为重要的成果形式，保证了课程衔接研究和实践推进工作的效率和有效性。各学科课程衔接方案（6、7 年级），是在实验区专家组指导下，在《下城区九年一贯制学校课程衔接实验指导手册（征求意见稿）》框架内设计的，并得到了杭州市教研室的指导。中国教科院专家对方案的编写进行了现场和书面辅导。各学科课程衔接方案（6、7 年级）在大致体例基本一致的前提下又有各自的表述方式和结构方式，具有显著的学科特色。

四、组织保障：全口径，全方位

在全面推进下城区九年一贯制学校创新型办学和重点突破下城区九年一贯制学校课程衔接过程中，每项工作均成立了以局长为组长、副局长及党委委员为副组长的领导小组，这在组织领导方面扫清了制度障碍，也体现了改革的全口径、全方位。一方面，领导小组成员包括教育局办公室、教育科、督导办、人事科、财务科、后勤保障科、生态办等相关职能部门的人员，具有全口径性质。另一方面，领导小组包括中国教科院专家组、下城区教师教育学院和信息技术中心等直属单位负责人以及各相关学校校长，具有全方位性质。行政、教研、学校三位一体推进创新办学体现了全口径、全方位特点。这一组织架构，充分说明了下城区教育局对九年一贯制学校创新型办学和课程衔接工作的高度重视；同时，也充分说明了下城区教育局对课程衔接作为创新型办学核心工作的整体性、系统性、全局性的深刻理解和深切期待。

全口径、全方位的组织架构，不仅给予了项目开展强有力、全方位的保障，而且也从行政层面和工作层面赋予了九年一贯制学校课程衔接更加丰富的内涵。

第十章　下城区九年一贯制学校课程衔接的理论创新

一、课程衔接与课程原理

课程衔接是课程原理衍生的具体命题。从课程原理的视角审视课程衔接，有助于更周延、更深刻地理解课程衔接。

（一）源发：衔接是课程对学科重构中出现的实然性问题

课程是对学科的重构。既然是重构，就不可避免出现偏移，从而带来诸如课程衔接这样的源发性命题。

1.“学科”与“课程”的界定

无论是“学科”还是“课程”，都下辖不同的释义，不同释义具有相同的语义基础，从而构成了词条的“义域”。为了保证讨论的内部一致性，我们需要确定一个恰当的释义。相对而言，对“学科”概念的释义比较简明，不同释义之间的逻辑关系也较为清晰。《教育大辞典》“学科”条将学科分成两方面定义：“①一定科学领域的总称，或一门科学的分支；②学科课程的组成部分，与教学科目通用。”从中，一方面，我们可以看到释义②与释义①的逻辑关系，即②来自于①，正如作为教学科目的数学乃是源自作为科学领域一个学科分支的数学。另一方面，我们发现释义②已经毗邻于“课程”的概念。伯顿 R. 克拉克（Burton R. Clark）的知识与学科理论，就两种释义的“学科”概念及其关系有着深刻而系统阐述。在克拉克那里，作为教学科目的学科，其核心与本质仍然是知识。[①] 尽管克拉克所论是高等教育，但我们可以说，就中小学来说，源发于释义①的教学科目中知识的分量和作用仍然是突出的。本文所说的“学

① 克拉克．高等教育系统 [M]．王承绪，徐辉，麟企平，等译．杭州：杭州大学出版社，1994：107.

科”主要是指②的释义，也就是指教学科目。这一“学科”的概念，接近于“课程”。当然，也有人会将释义②视为“课程”。不管怎么说，“课程即教学科目”也是课程的众多定义中的一个。这样的课程概念，是旧的课程观，也正是新课程改革需要变革的。《基础教育课程改革纲要（试行）》（下文简称《纲要》）指出，基础教育课程改革的具体目标，就是要改变课程“过于注重知识传授”“过于强调学科本位”的倾向，目的就是要变革将教学科目直接视为课程的状况，正如《纲要》要求的，“大力推进基础教育课程改革，调整和改革基础教育的课程体系、结构、内容，构建符合素质教育要求的新的基础教育课程体系”。

“课程”的概念则要复杂得多。面对纷纭复杂的定义，其区别在于，一是面对这一状况的态度，二是我们总会倾向于某个或某类定义。对于前者，本文赞同这样的态度：“尽管有关课程的书籍、文章、论文不断出版、纷至沓来，然而该领域的许多人仍感沮丧。不过，我们可以辩解，我们研究课程这一领域，并不是非要得出精确的答案不可，并不是追求确定无疑，而是要增加我们对这一理智领域和实践活动领域的复杂性、范式转变的理解。”[①] 对于后者，从本文所持论点以及讨论的需要出发，我们愿意宽义域地来理解课程。课程源自释义②的学科，是为了学生、为了学生学习、基于学生经验而对学科的重构。种差的定义法未必可行，也许用《纲要》所说的六项“基础教育课程改革的具体目标”来描述倒是最适当的。显然，我们比较强调课程的经验维度。那么，“强调课程经验，意味着我们将课程看作一个动词，或者一个有生命的物体，而不是一个名词或一件可被操纵的工具”[②]。这是一个宽的义域，在这里，许多定义都会有它的存身之处。

2. 课程衔接是课程与学科对话的永恒话题

新课程改革的具体目标之一就是“改变课程结构过于强调学科本位、科目过多和缺乏整合的现状”，注意要改变的是“过于强调”，并非是“不强调”。

① 奥恩斯坦，汉金斯. 课程：基础、原理和问题 [M]. 3 版. 柯森，译. 南京：江苏教育出版社，2002：1.

② 同①，第 233 页。

学科偏重于科学性、逻辑性和系统性，课程偏重于目的性、适宜性和有效性，“为了学生全面发展”的目的性是课程的本质属性。学科本位必然造成学生的片面发展，加剧学生发展的工具性和功利性；但没有学科作为课程的前置条件，课程的“为人”的目的性反而会受到各种权力和价值支配的“人为”的干扰，从而使课程发展处在不确定中。

学科与课程相互促进，是新课程改革以来课程教学领域的特征之一。从吕立杰《国家课程设计过程研究——以我国基础教育“新课程”设计为个案》一书中，我们可以看到新课程改革中学科（专家）与课程（专家）对话交流的生动场景。正因为课程是“一个动词，或者一个有生命的物体”，真实的课程总是有待完善的，正如叶澜先生所说的真实的课堂都是不完满的一样。这里的不完满，不是比较性的，而是内生的，即指课程总是变化着的、发展着的。学科并不能简单地转变为课程。这个难题，其实就是学科转换为课程之难。课程对学科的重构，总会对学科的科学性、逻辑性和系统性形成自己的理解、主张和策略。这一过程，源发性地会带来课程如何衔接的难题。

新课程改革中，课程建设就是在与学科既相互促进又相互矛盾的对话的张力中展开的。在课程衔接研究工作中，我们发现，科学课程衔接尤其是小学与初中衔接问题比较集中也比较突出。科学课程改革，基于上海、浙江的经验，选择了第二代跨越式发展路径，现在看来，遇到了不少问题，甚至在课程标准研制中尚未做到“九年一贯，整体设计”。问题可能出在：小学阶段，比较关注学生科学思维的前概念水平，试图远离学科；而初中阶段，尤其在实践层面，试图贴近学科，这个试图贴近的学科可能更多是分科的而不是综合的。这样，致使科学课程纵向的小初衔接与横向的学科间衔接，都存在着不少问题。

学科与课程之间是一个张力场，相互的对话是永续的，这也是课程发展不竭的动力来源之一。在课程结构中，“领域”处在上位。“领域”既是学科概念，因为同一领域下的不同科目之间，其学术传统和知识系统本然就存在着血亲关系；也是课程概念，如何在教学规划、设计和具体实践情境中促进同一领域内不同科目的融合，显然是课程的议题。当然，这两者之间如何真正形成同频共振，还需要理论与实践的进一步探索。而“领域”——“科目”之下的“模块”，则是课程概念。“模块”作为课程结构中的一级，有着独特的课程单元的集成价值，需要进一步探索和实验，但同时也伴随着拆解学科知识的整体性、系统性和经典性的风险，在现实的教学实践中已经遇到了不少问题。①

（二）愿景：衔接是课程发展过程中的应然性追求

美国的一本课程论教科书中写道：“课程理论家实际上也在为大众许愿……课程家的许愿众多……”②当课程以“为人”为目的的时候，课程工作就是一场“许愿”和“发愿”。课程衔接，也是课程者的愿力所之。如果浏览世界课程发展历程，我们将发现，系统、一致、联结、循环、融合、综合……这些关涉课程衔接的主张，始终是课程（论）的关键命题。我国课程变革中的课程发展，也同样将课程衔接作为深化课程改革的愿景。

纵览课程理论历史，我们可以从不同维度试着对课程理论进行划分。第一，从课程理论流派维度，可以大略划分为学科中心主义课程论、经验主义课程论、存在主义课程论、社会改造主义课程论、后现代主义课程论等。第二，从有代表性的课程设计类型看，大略有学科中心设计、学习者中心设计、问题中心设计等。第三，从教育哲学维度，又可以分为永恒主义的、要素主义的、进步主义的和改造主义的等。第四，从学习理论维度，可以大致归之于行为主义理论、认知—信息加工理论、现象学理论和人本主义理论等。如此，还可以继续枚举。后三者内部各自不同的类别，总是与不同的课程理论流派有着显著的关联或疏离。在它们相互关联或者彼此疏离的关系分析中，课程论呈现为学科—学生、技术—美学、标准—多元、客观—主观等的两重视域，而且在两两相对的关系中，前者与后者各属性总是紧密地联系在一起。两重视域处在课程主张和行动的两极。因而，课程历史总是程度不同地表现为这两极之间的钟摆现象。无论哪一种视域，都有其与课程衔接密切相关的命题；也因此，课程论

① 杨九诠. 普通高中模块课程的价值赋予[J]. 教育研究，2011（5）：75-78.

② 沃克，索尔蒂斯. 课程与目标[M]. 向蓓莉，王纾，莫蕾钰，译. 北京：教育科学出版社，2009：13.

中课程衔接也展现为如上所述的两重视域。

从课程理论流派各自所倾向的学习理论看，都非常关注知识、学习以及学习者的衔接状态和水平。行为主义理论又称为联结理论，是有关各种刺激—反应和强化物的理论。其衔接是单向的施加关系。认知—信息加工理论将学习过程与学生的发展阶段和智能的多种形式紧密相连，重视学习者与其置身环境的关系，注重培养学生的问题解决能力、批判性思维和创造力。其衔接是主客体双向的对话关系。现象学理论和人本主义理论则从整体上考虑儿童，重视学习者的需要、态度、感情、意志，重视他们社会学、心理学和认知方面的发展。主客体双向对话关系源发于并表现于学习者内部，其衔接主要是学习者的内部景观。

再从相对而言处在两极的泰勒、布鲁纳的现代主义课程论与多尔的后现代主义课程论看，泰勒模式描述了一种合理的、有逻辑的、系统的课程编制方法，行为主义的目标取向是泰勒模式的核心，连续性、次序、整合是泰勒模式组织学习经验的三种方法。“从泰勒到布卢姆，再到布鲁纳，形成了从目的结构、内容结构到过程结构的相当完整的课程结构思想。”① 布鲁纳的“学科结构”则是课程结构思想的极致。布鲁纳认为，“学习结构就是学习事物是怎么关联的”②。布鲁纳宣称，“任何学科中的基本原理都可以用某种形式教给任何年龄的任何人”③。泰勒、布鲁纳的课程论属于学科中心主义和技术—科学模式。尽管他们也都考虑到学习者，但那只是条件性的，学习者并没有获得主体身份。

与之相反的后现代主义课程理论家美国学者多尔，批判泰勒课程模式是现代主义封闭课程体系的典型产物。多尔提出了后现代课程的标准（4R），即：丰富性（Richness）、循环性（Recursion）、关联性（Relation）、严密性（Rigor）。这里，的确处处与课程衔接息息相关。丰富性，是对不同领域的背景性、解释性以及合作、对话性质的描述，是后现代主义课程论中课程衔接命题存在的场。与现代主义观念下封闭性的重复迥然不同，后现代主义的循环性

① 张楚廷．课程与教学哲学［M］．北京：人民教育出版社，2003：118.
② 布鲁纳．教育过程［M］．邵瑞珍，译．北京：文化教育出版社，1982：28.
③ 同②，第 32 页。

是反思的、开放性的和发展性的。关联性，强调在构建课程时要考虑课程结构的关系，也要考虑文化的和宇宙论的关系。严密性，是“4R”中最重要的。严密性意味着郑重地对待不确定性和可能性，自觉地寻求自己或别人的假设，积极地促成有意义的对话，从而重构概念、创造价值。

上述是从课程论的两极来说的。在课程衔接相关的命题中，杜威的思想无疑是平衡的、周全的。“经验”是杜威教育哲学的核心词汇。杜威的经验“不承认在动作与材料、主观与客观之间有任何区别，但认为在一个不可分割的整体中包括它们两个方面”[①]。杜威确定了经验的两个标准，第一个标准是经验的连续性原则，第二个标准是经验的交互作用原则。这两个原则都与衔接相关。

综上所述，主要是想申明：其一，课程衔接，是课程论的普遍命题。“课程专家在考虑设计时必须从以下几个向度来加以考虑：范围、顺序性、连续性、整合性、关联性及均衡性。”[②]其二，不同流派的课程论之间的冲突也会表现为不同课程衔接观之间的冲突。正如多尔的严密性，与技术—科学模式的逻辑性、精确性、一致性迥异其趣。杜威就认为，经验存在着“教育性的”与“反教育的”区别，而“反教育的”的经验也具有联系性，这样的经验“不考虑经验的推动力，并且不按照它所能推动的方向去评判和指导经验，便是不忠实于经验的原则”[③]。其三，课程的内涵有多丰富复杂，课程衔接的内涵就有多丰富复杂。对于不同的课程衔接观，这样的态度也许是更加适宜的：“对于学习这样一个广泛而复杂的领域来说，如果我们不能将如此之多的学术方法联系起来，那么想要获得充分的理解是不可能的。”[④]这是课程实践的要求。也只有在实践中，才能包容和统整不同的学说和观点。其四，“为人”的目的性是课程的核心，也是课程衔接的方法论的核心。这就意味着，对不同的课程衔接观及其方法不可能没有原则地悉数尽收。“方法论”具有同一性，“方法”具有差异性。

---

① 杜威. 经验与自然 [M]. 傅统先，译. 北京：商务印书馆，1960：10.

② 奥恩斯坦，汉金斯. 课程：基础、原理和问题 [M]. 3 版. 柯森，译. 南京：江苏教育出版社，2002：234.

③ 杜威. 我们怎样思维：经验与教育 [M]. 姜文闵，译. 北京：人民教育出版社，1991：263.

④ 伊列雷斯. 我们如何学习：全视角学习理论 [M]. 孙玫璐，译. 北京：教育科学出版社，2010：7.

完备的方法论体系应是方法论与方法的统一。方法论决定着思维的路线和实践的方向，而方法更侧重于微观的技术和具体的策略。比如说，行为主义取向和学科结构思想的方法就不应该上升到方法论层面，而必须置之于方法层面并限制其操作范围，否则课程衔接就可能是工程化、技术性的，就可能只见规训不见自主建构，只见知识而“目中无人”，教育也就很可能被导向应试教育。

二、课程衔接与课程改革

《教育部关于深化基础教育课程改革进一步推进素质教育的意见》《教育部关于 2013 年深化教育领域综合改革的意见》《教育部关于全面深化课程改革落实立德树人根本任务的意见》三份文件，将课程衔接作为深化课程改革的基本要求和主要任务提出并予以具体阐释。课程衔接，是偏于实践性的，具有应时性与应需性，从阶段性来看，甚至还表现出一定的应急性。随着课程改革的推进，人们对课程的理解不断深化，对课程实施的要求和期待不断提高。与此同时，各学科课程自身也得到了比较大的发展，课程衔接越来越以问题和任务的方式向我们频频发问，需要及时、切实地加以解释和解决。我们拟从纵向发展与横向体系两个基本维度，从课程改革的视角对课程衔接问题的总背景加以阐释，并进而以“必须重视课程衔接工作”作为实践断言，对实施课程改革提出了更新、更高的要求。

（一）课程衔接是深化课程改革的必然要求

1. 纵向发展：课程改革从实验阶段到深化阶段

新一轮基础教育课程改革，是新中国成立以来规模最大、影响最深的一次课程改革，也是改革开放以来我国课程教学变革的主体。其标志性文件是 2001 年 6 月教育部印发的《基础教育课程改革纲要（试行）》（下文简称《纲要》）。《纲要》颁布之后，2001 年 7 月教育部颁布了义务教育各学科课程标准，同年 11 月教育部印发了《义务教育课程设置实验方案》。当年秋季，首批 38 个国家级课程改革实验区进入新课程实验。此后，课程改革实验区快速扩大，课程改革各项工作顺利推进。

按照课程改革工作部署，以 2011 年 12 月新修订的义务教育各学科课程标准出台为节点，此前的义务教育阶段课程改革乃是实验期。实验期的义务教育阶段课程标准均标有“实验”一词，相应的教科书均标为“课程标准实验教科书”。实验期，就意味着需要在阶段性的试行与试验的制度安排中，在改革实践的探索中不断调整、校正、修订、完善。

课程衔接，正是课程改革实验推进中凸显出来的现实问题，必须在深化课程改革进程中予以回应和解决。2014 年 5 月，国家社科基金教育学重点项目“中小学理科教材国际比较研究”成果发布会上，项目组指出：“我国中小学课程标准和教材编写缺少学段间的整体规划和系统设计，缺乏不同学段之间的有效衔接。有的学科课程标准的制定没有一体化设计，在一标多本的教材编写模式之下，不同学段教材编写团队各自独立，未能通盘考虑。需要加强教学内容和目标层级的整体设计，对能力培养和态度形成进行系统安排，帮助学生对学科形成整体认识。”① 基于深化课程改革，国家将加强课程衔接作为工作任务、行动原则，并提出了法规性要求。《教育部关于 2013 年深化教育领域综合改革的意见》提出：“深化中小学课程改革，加强课标制定、教材使用与考试评价的衔接。”《教育部关于全面深化课程改革落实立德树人根本任务的意见》提出的“五个统筹”，更是对课程衔接提出了全面、系统的要求。

2. 横向体系：综合改革背景下的课程改革系统推进

总体来看，课程改革整体规划、协同推进不够。正因为如此，“五个统筹”被作为深化课程改革的主要任务。“五个统筹”，对不同学段、不同学科、课程实施的关键环节、相关力量和重要阵地进行了总体规划和统筹设计。统筹课标、教材、教学、评价、考试五个环节，是“五个统筹”的一个重要部分，也是推进“五个统筹”、深化课程改革的核心内容。比如，第三个统筹提出的课程标准—教科书—教学的配合问题。三者是学科课程体系的三个组成部分，存在着次第而来的关系。前两者是教学的依据，所谓“依标据本”“依标靠本”是也；而教科书又是依据课程标准编制的，明确标为“课程标准教科书”。

① 王庆环. 我国中小学生教材难度被高估，负担与难度无直接关系 [N]. 光明日报，2014-05-08 (6).

但在实践中，次第而来的过程，又不同程度存在着“水土流失”“走腔跑调”的现象，课程不衔接的问题就是这一现象的具体体现。当然，不是说课程标准就已然是“本正源清”了。与应然的、理想的文本比，现实的课程标准也总是“未定稿”，需要不断地“正本清源”。

义务教育阶段的课程标准，总体来看是九年一贯整体设置，将九年按照学段划分，力求打破小学、初中的界限。但有些学科，似乎不是这样。科学，根据本学科对课程的理解，设置为“3~6”“7~9”，两阶段的概念体系也不一样。2011 年颁发了“7~9”的课程标准，“3~6”的课程标准迟迟没有定稿，这说明小学段、初中段分得很清楚。到了教科书和教学环节，不能衔接的差距进一步扩大，以至于小学、初中两个阶段的科学教师到了“相见不相识”的地步——尽管小学、初中教科书的内容复现率较高，由于知识螺旋上升的衔接方面缺乏照应和呼应，话总还是很难讲到一块儿。英语学科，根据英语教育不平衡性的实际情况，有 3 年级起始的，有初中起始的。

而课程标准则比较“超脱”，这一“超脱”反映在讲求实际的教科书层面，形成了课程标准与教科书的脱节，也造成了教科书之间的不衔接问题。同一版本的小学、初中教科书基本上都不是同一个编写组编写的，不同编写组之间并没有形成分工合作机制，普遍缺乏实质性的交流和交集。这与义务教育阶段课程标准大部分为同一个研制组研制的情形颇不一样。

到了教学层面，小学、初中基本上都是分设的，彼此之间不相往来。即便是九年一贯制学校，也基本上是“一校两部”“一校两制”，课程上远没有做到以“一”“贯”之、流畅衔接。更突出的问题是，素质教育的推进长期处在应试教育的压力之下，许多矛盾与冲突往往都是或直接或间接缘此而来。

新课程改革，无论是理论、政策还是实践领域，既不圆满也不平坦，充满了矛盾和冲突，而其主要矛盾正在于此；政府的“管”、学校的“办”、社会的“议”、教师的“教”、学生的“学”，无不受着应试教育思想观念和现实压力的影响。课程不衔接的现象与应试教育也有着这样那样的关系，知识的连贯性和系统性、课程的整体性和综合性，普遍遭遇应试教育功利考量的任意裁剪。总的来说就是，课程标准、教科书所倡导的学科课程的新的理念和做法，很难全面、真实地落户到学校，落脚在课堂。

（二）课程衔接的主要内容

在一线教育教学实践层面，课程衔接至少包括以下几个主要方面。

1. 学科知识与技能

学科知识与技能的纵向衔接与横向衔接，是课程衔接中最容易被关注的方面，可以说，是课程衔接的“硬料”。《教育部关于深化基础教育课程改革进一步推进素质教育的意见》提出，“进一步加强中小学各学段、各学科课程内容的有机衔接”。“各学段”指的是纵向衔接，“各学科”侧重于横向衔接，也就是《教育部关于全面深化课程改革落实立德树人根本任务的意见》所要求的“加强各学段教材上下衔接、横向配合”。

（1）纵向衔接

核查纵向是否衔接的三项指标是：契度、梯度、长度。契度，指前后内容有没有存在知识逻辑上的不和谐，以及概念、术语、定义上的不一致。如有教师指出：“现行小学数学教材有 50 多个几何概念、法则，在初中教材里也有相应描述。由于编写中小学教材的是两套人马，造成了中小学教学的知识衔接障碍。”[①] 再如，笔者在调研中发现有教师反映，初中教师对“质量”一词非常敏感，而学生是带着“重量”的概念进入初中段的；小学对力臂的定义是“支点到力的作用点的距离”，初中对力臂的定义则是“支点到力的作用线的垂直距离”。严格地说，小学给出的定义是错误的。契度，属于科学性的问题，需要切实解决。梯度，指难易之间是否适当，若上升坡面太陡，学生则难以攀缘。长度，指两者相隔的时间是否适当，间隔太长，学生对先前内容的记忆可能已经淡忘了。

需要指出的是：衔接的总基调当然是为了学生学习的平稳过渡，也就是我们在课程衔接中试图追求的“无缝衔接”。但是也要注意到，有时必要的弯道与缝隙可能也有特殊的课程价值和教育意义，如何通过相应的教学设计以及

---

① 张泽科. 九年一贯制：直面“中小衔接”难题：郫县实验学校系统探索“中小衔接”观察 [J]. 四川教育，2005（6）：5-9.

启发式教学引导学生进入“愤”“悱”的学习状态，“遇弯不急拐”，“断处若有续”，从而发挥课程的弯道效应、断续效应，“引导学生跳跃式地学习”[①]，是课程衔接中需要运筹教育智慧的一项工作。

（2）横向衔接

横向衔接，即不同课程之间互为前提与条件的课程内容的难度之间的步调一致，进度之间的步幅协调。不同学科之间，尤其是相同学习领域的科目之间，会有不少互为前提与条件的内容，完全可以通过跨学科的课程开发和集体备课，立足各自学科进行有效的整合，从而“根除各科目之间那种致命的分离状态”[②]，扩大学生的课程视野和经验边界，最大限度地发挥课程的教育意义。

2. 综合与建构

学科知识与技能的纵向衔接与横向衔接，是课程衔接的基本内容。我们说“循序渐进”，但“序”只是“基础语法”，还有“情境语法”，还有更为丰富复杂的表达方式。此时此地、此人此事，都具有自身独特的“实践逻辑”，这个 实践逻辑也就是情境的语法、个人的语法。本次课程改革的重要突破之一就是综合课程，即便在分科课程中，也比较多地融入了综合的理念，有了不少综合活动（项目）的设计。建构主义理论，是本次课程改革的最重要的思想资源。建构主义从非客观主义的认识论出发，对学习和教学进行了全新的解释。其要义是知识的学习应该是学生在教师的指导和帮助下，在具体的学习情境中，以自己已有的经验为基础，以自己独特的方式进行意义的建构。综合课程或课程的综合化作为课程的“组织中心”，与建构主义理论总是联袂而行的[③]，就是以学生为本位，将学习置于具体的情境中，引导学生积极探究和体验，不断产生兴趣和需要，从而进入到类似于知识发生的状态。

知识是主客体不断交互产生的成果，也就是说知识的发生原本就是建构的。但知识产生以后，作为符号系统被结构化为稳固的“成品”，从而被客观化和对象化。知识本位、学科本位的课程观、教学观，就是基于对客观化了的

① 袁振国. 教育新理念 [M]. 北京：教育科学出版社，2002：31.
② 怀特海. 教育的目的 [M]. 徐汝舟，译. 北京：生活·读书·新知三联书店，2002：12.
③ 亨德森，霍索恩. 革新的课程领导 [M]. 2 版. 志平，李静，译. 杭州：浙江教育出版社，2005：101.

知识的结构主义理解，要求学习必须尊重学科知识的“系统性”“有序性”，讲求知识及知识的学习“各就各位”“按部就班”和“循序渐进”，也因之比较习惯于讲授法和接受性学习。

作为“基础语法”，学科知识与技能的有序衔接，依然是必要的，但仅止于此，课程衔接还只是浅层次的。还要树立新的课程观和新的衔接观，进一步从知识本位、学科本位的藩篱中解放出来，不仅仅满足于知识与技能的机械性的环环相扣，更要在具体实践性场域中，使课程衔接综合化、建构化、情境化，营构课程衔接的教与学的生态场。《教育部2008年工作要点》就已经要求“广泛开展与学科课程教学相衔接的社会实践活动”。学科课程与活动课程有效衔接，将给活动课程增添“真材实料”，深化活动课程的内涵，提高活动课程的目的性；对学科课程来说也因之拓宽了校本化实施的路径，与学生的经验更加紧密地交融，有利于丰富学习方式，激发学习兴趣，培养学生的实践能力和创新意识。

在课程衔接的实践中，有些学科课程的衔接已经超越了知识与技能的层面，进入到综合的视域和场域；有学科通过同一阶段在几个相邻科目中进行不同类型的实践课程的交叉往复的设计，发挥课程衔接对培养学生的创新思维和实践能力的独特作用。①

综合型、实践型、活动型课程是当今课程的发展方向。但总体上看，课程综合与学习建构中的课程衔接仍然是富有挑战性的实践命题。在综合课程中，品德与生活、品德与社会比较成功，这可能与课程的学科色彩比较淡有关。初中的科学课程开设难度比较大，学科之间的综合遇到了不少困难，现在只有浙江一省开设了。综合艺术课程遭遇的困难最大，全国开设该课程的学校逐渐减少，已经几近于无了。直接原因就是，艺术综合课程的基础理论的探索和建构尚未成熟，作为视觉艺术的美术与作为听觉艺术的音乐虽然同属美育范畴，但学科知识与技能融合的难度较高，致使课程开设陷入困顿的境地。如何树立新的课程衔接观，以学生为本位，促进综合课程的发展，促进学生全面发展、个性发展、自主发展、终身发展，是深化课程改革进程中必须高度重视的

① 李玉珍，王喜贵．化学课程结构的横向衔接性与创新思维 [J]．化学教育，2006（5）：16-18.

重要问题。

3.教学方法与学习方式

教学方法与学习方式作为工具性表现，前者的深层意蕴是教育观念和这一观念影响下的学科教学知识，后者的深层意蕴是学习兴趣和兴趣驱动下形成的学习习惯。教学方法与学习方式，是课程衔接的内在机制。教学方法、学习方式的衔接，至少包括以下三个方面。

其一，教学方法与教育观念、学科教学知识的效度连接，学习方式与学习兴趣、学习习惯的效度连接。只有先进的教育观念、优良的学科教学知识结构支持下的教学方法，才是高质量的、有效的。这样的教学方法才能“技进乎道”，从而达到“法者，妙事之迹也”的境界，否则，很难做到纵横捭阖、融会贯通。只有浓厚的学习兴趣与良好的学习习惯支持下的学习方式，才能促进学生自身全面而有个性地发展。没有兴趣，就没有学习，没有兴趣的习惯只能是压迫式的，没有兴趣的学习只能是被动的。如此，体验探究、主动建构就无从谈起。在杭州市长江实验小学调研时，一位老师说，只要能激发学生的兴趣，课程衔接的可能性空间就会很大，有些原本觉得难的内容，学生很容易就理解了，有些本没有准备涉及的内容，学生顺着就提出来了。

其二，教学方法与学习方式的过渡、衔接。因为办学体制问题，小初沟壑已成。在这方面所做的课程衔接，主要还是学科知识体系的衔接，这其中基本上是简单总复习一下再将后面一两个单元提前学习，总体看效果不大，甚至效果为负。教师们普遍反映，学生新入学都会出现学业上的新的两极分化，其主要原因还是学生对新阶段教学方法和学习方式的不适应。这就需要小初两个阶段都要既在学习方式也在教学方法上做好沟通衔接工作。

其三，教学方法朝向学习方式的衔接。课程改革十多年来，初步改变了重视教而轻视学，即关注教师如何施教较多、关注学生如何学习较少的现象。但客观上说，学围绕教转的局面尚难说得到了根本扭转。我们需要进一步倡导“教是为了学”的原则，突破传统教学法以教师为中心、以课堂为中心、以教材为中心的体系，回归到以学生发展为中心。《基础教育课程改革纲要（试行）》要求“改革教学方法”，指出“教师在教学过程中应与学生积极互动、共同发展，要处理好传授知识与培养能力的关系，注重培养学生的独立性和自主性，引导学生质疑、调查、探究，在实践中学习，促进学生在教师指导下主动地、富有个性地学习”。各科课程标准更多地将学生的学习活动作为设计的重心，强调教学要围绕学生的学来展开；其在表述上，教学方法与学习方式往往浑然一体，很少有非此即彼的区分。20 世纪 90 年代就有学者指出：“教法，在理论上，应当走出孑然独立于学法之外的封闭王国，步出只与教材联姻的世袭领地。我们应当自觉地还教法以学法的生命……”[①] 这一理论诉求和实践期待，在此后尤其是新课程改革以来，日渐成为学科课程教学的价值取向，从而构成新时期我国课程教学的显著特征。但于教学实际，尚需更新观念，精进不止，有所作为。

4. 管理与评价

管理与评价，是做好课程衔接工作的保障。管理、评价与课程衔接，属于课程外部的衔接，可以称之为课程衔接在工作层面的横向协调与整合。为了进一步深化课程改革，课程衔接工作必然要对教育的“管”“办”“教”系统提出一系列挑战性的问题，需要“管”“办”“教”之间的整体联动。具体来说，包括教育教学督导评估、学业质量监测与课程衔接工作的衔接，教师管理、师资培训以及教师校本教研制度与课程衔接工作的衔接，等等。

课程衔接，具有显著的校本化特征，区域各学校的教学内容、进度等都会因为课程衔接工作呈现出一定的差异性。如果教育教学督导、学业质量监测工作还是一把尺子，就会对课程衔接带来干扰。如何协调好一致性与差异性的关系、外部评价与内部评价的关系，这是督导和监测部门需要研究和解决的问题。杭州市下城区 6 所九年一贯制学校正在积极推行小学、初中教师“跨教研”“跨教学”，这是推进课程衔接工作的制度创新。其他非九年一贯制学校，在实行学区制和对口招生的要求下，也该创造条件打破小学、初中教师和教学不相往来的分割局面。当然，这也有相应管理制度不到位的原因。“跨教研”能不能算在本段的培训学时中，“跨教学”能不能算在本段的教学任务中，这些问题学校没有权力决定。总之，课程衔接是一个系统工程。课程衔接工作，

① 李秉德．教学论 [M]．北京：人民教育出版社，1998：193.

将促进学校内部教师队伍的组织方式、行为方式的变革，推动课堂和教室时空结构、功能、边界发生多样而深刻的变化，学校内部系统必然需要在体制与机制、制度与文化诸方面与课程衔接工作相呼相应。学校外部系统的管理与评价制度如何与学校课程衔接工作相接，是迫切需要解决的问题。

从“课程衔接”到“衔接课程”，推进课程衔接工作循环上升进入三重境界。其一是“物理反应”境界，讲求“接合”，侧重学科知识与技能。其二是“化学反应”境界，讲求“化合”，侧重于资源开发、情境设计、问题解决、任务完成。其三是“生态效应”境界，讲求“和合”，侧重于学习主体的“人”，追求的是学生的全面发展、人人发展、自主发展、个性发展、终身发展，其意境是自由—人文的、实践—智慧的，是多样性的统一，是朝向人的全面解放的主体的不断生成。这三重境界不是彼此废替的，而是相互蕴含的。上级蕴含次级，次级朝向上级，具有不断走向上级的可能性和意向性。

三、课程衔接与学制建设

学制是规定各级各类学校的性质、任务、入学条件、修业年限及它们之间的衔接、转换等的基本制度，反映了各级各类学校教育内部的结构及其相互关系。目前，我国义务教育阶段主要是“六三制”“五四制”“九年一贯制”三种学制，其中以“六三制”为主体。学制是一项重大的公共政策，关涉社会经济方方面面。

课程设置、课程标准、教材编写以及教育教学方法，与学制存在着相互依存、相互制约的密切关系。“六三制”设置的基本考量是，小学六年时间相对宽裕，课程安排比较全面，音乐、体育、美术等方面能得到重视，有利于学生的全面发展；初中三年，强调课程的学科性和教师的主导作用，课时安排紧凑，重视课堂教学，学生能够迅速掌握系统的科学文化知识。

实际上，九年义务教育“六三”分段的基本学制，与课程安排的数量和节奏颇有些不协调。《中华人民共和国义务教育法》规定“适龄儿童、少年免试入学”，小学六年相对于有小升初考试之前的学习时间的宽裕和学习节奏的宽缓，并没有能够反应在课程量的调整上。初中阶段则承担着作为义务教育终端的总结性工作，中考任务尤显繁重。仅就学科教学安排看，初中三年各科均显得比较仓促，尤其是在初二、初三教学的物理学科以及在初三教学的化学学科更是如此。初中三年与四年两种学段在学科教学速度和成效上的区分度，已屡屡为许多比对研究的实例和数据所验证。按照新世纪基础教育课程改革的方案，初中阶段以分科与综合相结合的课程为主，包括思想品德、语文、数学、外语、科学（或物理、化学、生物）、历史与社会（或历史、地理）、体育与健康、艺术（或音乐、美术）以及综合实践活动，倡导各地选择综合课程，创造条件开设选修课程。这样看来，初中三年更显时间紧、内容多、任务重、难度大。体育与健康、艺术（或音乐、美术）等课程往往不能做到开齐开足，作为课程改革重点和亮点的综合实践活动、选修课程、地方课程的实施，受到很大限制。因此，只有科学地增加初中阶段的学习年限，才能减缓坡度，分散难点，优化教学时间与空间的组合，克服重智育、轻德育，重知识、轻能力，重分数、轻素质的倾向，才能推进课程改革的深化和素质教育的实施。

“六三制”的主要特征是重视知识的基础性，在我国影响比较广，强调精讲多练的基础知识和基本技能的“双基”是其主要教学内容和教学任务。这一较为单一的教学任务、培养目标和育人模式，已经很不适应新世纪基础教育课程改革的核心理念和主要内容。截至 2010 年底，全国已全部实现“两基”，义务教育进入了提高普及水平和教育质量的新阶段。注重知识的“双基”教学已经向“德育为先”“能力为重”的素质教育转变。

课程改革着力达成的具体目标，就是要改变课程过于注重知识传授的倾向，强调引导学生形成积极主动的学习态度，使学生获得基础知识与基本技能的过程同时成为学会学习和形成正确价值观的过程。课程改革致力于改变课程结构过于强调学科本位、课程内容过于注重书本知识的现状，转而关注学生的学习兴趣和经验，加强课程结构的均衡性、综合性和选择性，密切课程内容与学生生活以及现代社会和科技发展的联系。

课程改革要予以纠正之所偏颇，正是“六三”学制设置之所端赖。现行义务教育学制，是否与课程改革情境下的课程、教材、教学相适应，课程标准要求下的教材内容选择和安排的深度、广度和速度，与现行学制的配置效度如何，何种学制更有利于促进教学方法和学习方式的转变，更有利于培养学生的学习能力、实践能力和创新能力，不同类型学制是否存在教学质量和学习质量的差别，怎样设置和选择学制才更加有利于深化课程改革、实施素质教育，等等，都需要对学制与课程、教材、教学的匹配度进行深入细致的研究，促进彼此呼应、相互为用的良性关系的形成，为新世纪课程改革提供制度保障。

"五四制"基本上是套用和改用"六三制"，并没有独立的课程标准和教材体系，而"九年一贯制"更是没有自己的课程标准和教材体系。因此，需要对课程教材内容选择和安排的深度、广度和速度与九年一贯学制的配置、相应的教师培训和教育质量评估，进行深入细致的研究并形成体系和制度，为九年一贯制学校的教育教学提供基础性条件。"九年一贯，整体设计"是义务教育阶段课程设置的基本原则，但实践和研究均表明：我国中小学课程标准和教材编写缺少学段间的整体规划和系统设计，缺乏不同学段之间的有效衔接。

"九年一贯制"因其克服了小初分设的制度性障碍，应该最能发挥课程的九年一贯的优势。为此，我们要树立新的课程观、衔接观，要在办学与教学的结合中，在学生全面发展与个性发展的结合中，在国家课程与校本课程的结合中，做好课程衔接工作。要合理安排课程难度和教学活动，围绕课程衔接来加强国家课程校本化和校本课程的开发、开设，有计划地逐步增加不同学段尤其是小初间的"跨教研""跨教学"活动，通过综合改革减少课程建设障碍。要着眼于九年一贯，着力于小初衔接，着手于整合与衔接、调整与修订，重构九年一贯制学校学科课程标准和教材。所以，课程衔接是"九年一贯制"学制建设的主体工程和核心内容。

四、课程衔接与学校建设

学校课程体系建设是学校建设的一个重要组成部分。在当前的学校建设中，育人目标是其基本方向，教师专业发展是其重要任务，而国际化和信息化是当前社会对学校发展的新要求。而这些都迫切需要加强课程衔接。

加强课程衔接，是实现学校育人目标的要求。课程是学校教育的重要组成部分，是全面实现学校培养目标的载体，是保障和提高教育质量的关键。而课程衔接是构建完整课程体系、实现学校育人目标的必然要求。任何一所学校，都是一个为了培养人的完整场所。虽然不同学校的育人目标的表述千差万别，但都是以促进人的全面发展为导向的。在学校中，学生接受着完整的教育，学校各类成员经历和体验着完整的生活。所以，为了保证完整的教育和完整的生活，课程应该是一个完整体系，这样才能培养一个完整的人。但以往课程沟壑分明、壁垒林立，分割清晰的独立知识并不真实地存在于世界中，与人的全面的、持续的发展过程相矛盾。而课程衔接，以学生发展为起点和依据，强调各类知识、教与学的统整，必然有助于改变这种分割现象，更有利于学校育人目标的实现、办学理念的落实。

加强课程衔接，是提高教师专业发展水平、完善学校制度建设的需要。教师的专业发展水平直接影响着学校的教育教学质量。提高教师素养，一方面需要教师个体加强实践反思，不断对实践中的问题进行研究突破；另一方面，学校也需要通过各种制度促进教师合作团队的建立和发展，以团队的力量带动教师的发展。这种团队，固然可以是同一学科的教师组成，但因其范围小且容易因为同学科思维而导致思路不够开阔。与之相反，不同学科教师组成的团队更容易促进教师之间思维火花的碰撞。所以，这种教师团队建设，可以通过加强课程衔接、促进不同学科教师之间交流对话来实现。下城区通过研—训—教一体化，打通课堂与科研，深度融合课程衔接研究。围绕课程衔接，大量增加跨小初、跨年级的教研活动，打破中小学教师的界限，推动教师内部流动，以增加教师参与小学、初中课程教学衔接改革的意愿和积极性，进而增加学校小学、初中课程衔接的有效性。在这一过程中，教师的教研水平、教育教学能力也得到了不断提升和发展。所以，以加强课程衔接为目的，完善相应的教研制度、教师培训制度，是提高学校教师专业水平的必然要求。

加强课程衔接，是学校适应社会发展需要、开展国际化和信息化建设的必然要求。当前社会正在发生巨大的变化，国际化竞争的加强、信息技术的飞速发展，都要求学校开展国际化和信息化建设，重视学生的国际素养和信息技术素养的培养。下城区一方面加强资源整合和投入，利用与联合国教科文组织、中国教科院以及浙江大学的长期合作成果，共享优质教育资源，以“中国情怀、世界视野，追求卓越、成就梦想”为指向，以特设课程、主题活动、学科渗透为教育主要模块，以整合课程资源、强化外语特色、拓宽交流渠道为主要办学策略，形成一套有中国特色、时代气息、面向未来的教学体系，以特有的办学形式和办学优势创建国内领先、国际水准的“开放性、内涵式、可持续”的现代新型学校。另一方面，提升校长和学校其他领导的技术领导力与信息化教育理念，并加大投入用于加强基于课程衔接的信息化管理系统建设，提高教学管理水平。在学校信息化建设中，注重区域整体规划，注重数据存储、数据集成、数据挖掘、数据利用，多、快、好、省地加强学校信息化建设；着眼于九年一贯和课程衔接，不断以先进的教育理念统领学校信息化建设；持续加大教职员工的信息化培训力度，提高教职员工应用信息化的能力。但是，学校的国际化和信息化建设都应建立在课程衔接的基础上，如何使国际化、外来的资源以及信息技术资源与现有的课程资源有效整合，实现合理的课程衔接，是在推动学校国际化和信息化建设中不可忽视的难题。

附录　下城区九年一贯制学校课程衔接实验指导手册

为推进区域九年一贯制学校创新型办学改革，指导九年一贯制学校课程衔接工作，特制订本手册。

第一部分

一、目的

（一）深化课程改革

其一，深化课程改革，是课程衔接这一议题凸显的总背景。《教育部关于深化基础教育课程改革进一步推进素质教育的意见》（教基二〔2010〕3号）、《教育部关于2013年深化教育领域综合改革的意见》（教改〔2013〕1号），尤其是《教育部关于全面深化课程改革落实立德树人根本任务的意见》（教基二〔2014〕4号）三份文件，均将课程衔接作为深化课程改革的基本要求和主要任务提出并予以具体阐释。《浙江省教育厅关于深化义务教育课程改革的指导意见》（浙教基〔2015〕36号）也要求："加强小学、初中、高中课程的相互衔接，明确各学段的教育功能和课程目标要求。加强各类课程、不同学科之间的联系和整合，组织跨学科教学和主题教育活动。"

其二，推进课堂教学改革是深化课程改革的核心环节。《教育部关于深化基础教育课程改革进一步推进素质教育的意见》指出："把教学改革作为深化课程改革的核心环节，使新课程的理念和要求落实到课堂教学中。"课程衔接的设计和实施，必须体现在课堂，落实在课堂，见效在课堂。

（二）加强学制建设

其一,九年一贯制是我国义务教育阶段的三类学制之一。在全国普及了义务教育以后，义务教育阶段学制主要有“五四制”“六三制”以及“九年一贯制”三种，其中以“六三制”为最多。现在的课程标准和教材体系主要是按“六三制”编制的,“五四制”基本上是套用和改用“六三制”，而“九年一贯制”更是没有相应的课程标准和教材体系。加强学制建设需要对教材内容选择和安排的深度、广度和速度与九年一贯学制的配置，以及相应的教师培训和教育质量评估，进行深入细致的研究并形成体系，形成制度，为九年一贯制学校教育教学提供基础性条件。

其二，教育均衡问题是当前我国教育事业发展的重点和难点，也是关系到当前和今后一个时期中国基础教育发展的整体战略议题。十八大报告强调要“大力促进教育公平，合理配置教育资源”，并将之定为办人民满意教育和改善民生的重要任务。2012 年 9 月《国务院关于深入推进义务教育均衡发展的意见》(国发〔2012〕48 号) 明确提出“推进九年一贯制学校建设”。十八届三中全会上强调“义务教育阶段免试就近入学，试行学区制和九年一贯对口招生”。推进九年一贯制学校建设既符合义务教育的公平原则，又能重组教育资源，使内部各因素能较均衡地运行。课程衔接工作应通过课程改进，促进九年一贯制学校优质均衡内涵的发展。

（三）推进学校课程

其一，根据国家、地方、学校三级课程管理体制，以及《浙江省教育厅关于深化义务教育课程改革的指导意见》，课程衔接工作的主体是学校。

其二，根据《浙江省教育厅关于深化义务教育课程改革的指导意见》，课程衔接工作涵盖基础性课程和拓展性课程两个方面。课程衔接是对作为基础性课程的国家课程的调整和完善，是对国家课程校本化实施的具体行动，应该纳入到学校课程规划中。

其三，拓展性课程需要重视课程衔接工作，“统筹利用校内外课程资源开发与实施拓展性课程，科学设计和安排课内外、校内外活动，营造协调一致的良好育人环境”。随着工作推进，基于课程衔接的国家课程校本化实施必须也必然会广泛体现在课程的整合和综合领域，并由基础性课程走向拓展性课程，尤其是拓展性课程中的知识拓展类，更多地以校本课程的形态进入到学校课程的规划、组织、开发和实施中，为深化义务教育课程改革做出贡献。

二、策略与路径

（一）策略

1. 据标、依本、切校

据标，就是根据现行课程标准；依本，就是依凭现行教科书；切校，就是要适切于学校的校情、教情、学情。课程衔接并不是在现行课程体系和结构外另起炉灶，而是基于深化课程改革对课程、教材、教学的改进与完善。学校应根据学生情况、发展目标和教育资源，做好课程衔接的规划、设计和实施工作。

2. 主要科目先行

着眼于“抓实”和“出效”，首先选择基础性课程中的语文、数学、英语、科学 4 门主要学科，以期形成示范。同时，也是先以相对容易辨识和处理的学科知识与能力的衔接为主，兼及整合性、综合性领域的衔接，由“实”到“虚”，稳健推进。

3. 以六、七年级的课程衔接为重点

着力于小初衔接，着手于六、七年级衔接，因为这两个衔接点的跨度最大，问题最典型，需求也最为紧迫。在做好两个衔接点的基础上，再行分阶段扩展，真正做到义务教育阶段课程、教学九年一贯，衔接畅通。

4. 以九年级复习课的课程衔接为观照

通过初三复习课，来观照全部课程，并与主攻的小初衔接相呼应，形成相互促进的课程衔接的良好局面。复习课在比较紧凑的时空单元里回顾检视，能够将常规教学中忽视的不够衔接的点暴露出来，在提高复习课质量和效率的同时，可以及时反馈到常规教学环节。这就需要将复习课视为重要的课程机会，变革传统的应试教育的复习课的形态。复习课须防止过度考点化，要加强

主题化和专题化；防止过度材料化，要加强课程化；防止过度习题化，要加强学习化。要发挥课程衔接工作对复习课的独特作用，并通过复习课的变革，推进课程衔接工作。

（二）路径

1. 方案编制

通过对课程标准研究和全部九个年级教材尤其是六、七年级教材的梳理，逐条列出全部的学生学科能力表现，在此基础上标出课程衔接点（块），并简述衔接理由和教学建议。

2. 课例研究

通过课例研究，做好衔接课程的研究、开发和开设。课例研究的主题选择的目标性、问题解决的任务性、同伴共同参与学习的方式、不断反思持续改进的取向，都非常适用于课程衔接这样的实践性命题。

三、课程衔接的主要方面

（一）学科知识与技能

学科知识与技能的纵向衔接与横向衔接，是课程衔接中最容易被关注的方面，可以说，是课程衔接的“硬料”。《教育部关于深化基础教育课程改革进一步推进素质教育的意见》提出“进一步加强中小学各学段、各学科课程内容的有机衔接”。“各学段”指的是纵向衔接，“各学科”侧重于横向衔接，也就是《教育部关于全面深化课程改革落实立德树人根本任务的意见》所要求的“加强各学段教材上下衔接、横向配合”。

（二）综合与建构

本次课程改革的重要突破之一就是综合课程，即便在分科课程中，也比较多地融入了综合的理念，有了不少综合活动（项目）的设计。建构主义理论是本次课程改革的最重要的思想资源。综合课程或课程的综合化作为课程的“组织中心”，与建构主义理论总是联袂而行的，就是以学生为本位，将学习置于具体的情境中，引导学生积极探究和体验，不断产生兴趣和需要，从而进入到类似于知识发生的状态。要树立新的课程观和新的衔接观，进一步从知识本位、学科本位的藩篱中解放出来，不仅仅满足于知识技能的线性的环环相扣，更要在具体实践性场域中，使课程衔接综合化、建构化、情境化，营构课程衔接的教与学的生态场，促进综合课程的发展，促进学生全面发展、个性发展、自主发展和终身发展。

（三）教学方法与学习方式

教学方法与学习方式，是课程衔接的内在机制。其一，是小学和初中的教学方法与学习方式的过渡、衔接。其二，是教学方法向学习方式的衔接。要进一步倡导“教是为了学”的原则，突破传统教学法以教师为中心、以课堂为中心、以教材为中心的体系，回归到以学生发展为中心。

（四）评价

评价，是做好课程衔接工作的保障。一方面，课程衔接要贯彻和体现深化课程改革的精神，改进和变革旧的评价方式，探索推广过程性评价、表现性评价和发展性评价，探索形成多形式、人本化的学生发展评价机制，建立和实施九年一贯的学生综合素质评价制度，全面、真实、客观地评价学生的学业成绩和综合素养发展水平。另一方面，课程衔接具有显著的校本化特征，区域各学校的教学内容、进度等都会因为课程衔接工作呈现出一定的差异性，如果教育督导、质量检测工作还是一把尺子，就会对课程衔接带来干扰。如何协调好一致性与差异性的关系、外部评价与内部评价的关系，是督导和监测部门以及学校需要研究和解决的问题。

第二部分

一、方案编制指导

1. 依据课程标准，对全部九个年级教材尤其是六、七年级教材进行梳理，以陈述句的方式，逐条列出全部的学生学科能力表现。

2. 学生学科能力表现，是指学生在完成特定学科学习任务、解决问题、运用知识等活动中所表现出来的能动力量和状态水平。学科能力表现可表述为“在学科中，学生能够做到什么或做到什么程度”。学生的学科能力表现是明确的、具体的、可测的，也是可持续的。

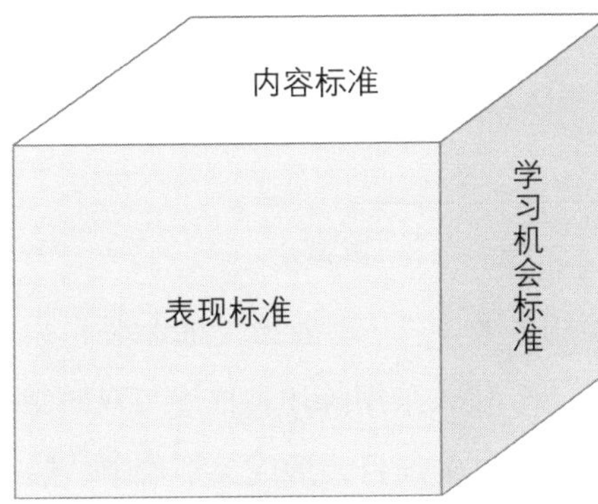

附图 1

3. 一般来说，课程标准应包含内容标准、表现标准和学习机会标准三种类型（附图 1）。内容标准详细说明在核心学科领域内，学生应该知道什么和能做什么。表现标准主要是回答“怎样做才算足够好”的问题，是对学生掌握内容标准熟练程度的规定。表现标准详细描述学生学习结果所表现的水平，不仅指出了表现质量的水平，还表明了可接受的满足程度的本质特征。学习机会标准一般指为保证学生能达到内容标准和表现标准的要求，对教师和学生提供教育活动和课程资源的性质及质量的规定。其中，内容标准是基础，表现标准和学习机会标准是为内容标准实现的水平、实现的条件保障而设定的。如果只有内容标准，则标准仍是含混模糊的、不易评测的、没有保障的。而学生学科能力表现，又总是与“学什么”的内容和“提供怎样的条件”的学习机会紧密相关。所以，构建学生学科能力表现体系，离不开课程内容和学习机会。在表述学生学科能力表现时，必然要涉及具体课程内容（比如说具体的知识点和能力点）。而学习机会，可以通过教学条件和教学方法及学习方式（包括活动、任务设计等）的建议来体现到学生学科能力表现的表述中。

4. 学生学科能力表现的结构框架由三个维度构成。①内容领域：体现学生在任务情境中所涉及的知识范围和特征，可以视为“布卢姆教育目标分类学”的“知识维度”与具体学科内容的综合。②学科能力：相当于“布卢姆教育目标分类学”的“认知维度”。建议采用各学科课程标准的行为动词分

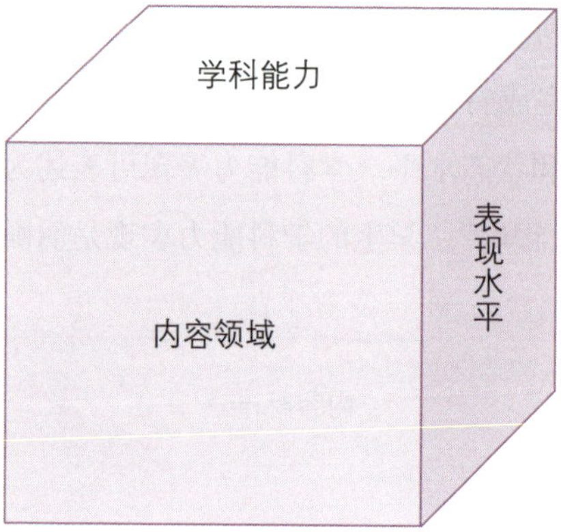

附图 2

类（可做调整并进一步细化）。③表现水平：能力的水平层级，这些能力水平是可以观测的。其具体结构框架如附图 2 所示：①内容领域：知识情景。②学科能力，如了解、理解、掌握、领会、运用、推论（仅举例，根据各学科课程性质和课程标准要求确定）。③表现水平，包括理解（理解水平 1、理解水平 2……）、运用（运用水平 1、运用水平 2……）、推论（推论水平 1、推论水平 2……），等等。

5. 建议采用陈述句描述与双向细目表结构相结合的方式，建构学科能力表现的大纲细目，形成类别清晰、层次分明的学科能力表现内容和标准的体系。双向细目表，主要依据“布卢姆教育目标分类学”。学科具体课程内容的属性，由知识维度的每一大类的亚类和首行认知过程维度的每一大类的行为动词来界定和描述。总的原则是，基于课程标准，结合教学目标，制定本学科能力表现的内容和标准。参照 R.M. 加涅、W.W. 韦杰等《教学设计原理（第五版）》第七章“确定表现性目标”做简约处理，陈述句包括以下三个要件，并与双向细目表相限制、相阐释，共同表达学科能力表现的内容和标准。

谓语动词，表示认知过程维度。根据课程标准要求和教学目标选择动词。谓语动词，表示认知过程的类别，也在某种程度上体现认知水平。但要注意，这里的认知水平不是划定学业水平等级；它的真实所指是在某个具体的能力表现点上，基于课程标准，要求学生达到的学习目标和学习水平的基准描述。谓语动词的选择，必须考虑到学科性，考虑到与学科性对应的人类认知的特殊性。当然，对学科性以及与之对应的人的认知特殊性的关照，不独是谓语动词的选择，还包括下面的宾语名词（词组）与状语条件词组的描述。

宾语名词（词组），表示知识维度。宾语名词作为谓语动词的对象，是基于课程标准要求的课程内容对具体教学内容的描述。具体教学内容，是一个最小教学单元，可以理解为我们通常所说的“知识点”和“能力点”（在整合和综合领域，可能表现为“知识块”和“能力块”）。具体教学内容，由两个维度共同规定。第一个维度是知识维度大类及其亚类。第二个维度是课程内容。这样，就形成了又一套双向细目表。双向细目表的首行为知识维度，左列为课程内容维度。知识维度是表示知识的属性和类别，而课程内容维度表述具体的学科课程和教学内容，建议在具体表述时采用“课程内容维度（知识维度）”的形式，形成附图2所示的“内容领域”的一则具体表述。如：

a. 牛顿第二定律（“概念性知识”之“原理和通则的知识”）

b. 运用牛顿第二定律的准则（“程序性知识”之“确定何时使用适当程序的准则知识”）

c. 木本植物与草本植物的分类（“概念性知识”之“分类和类别的知识”）

在此基础上，再与附图2所示的“学科能力”对应，选择适当的行为动词，形成一则学生学科能力表现陈述句。如：

d. 能够确定何时运用牛顿第二定律的准则（“程序性知识”之“确定何时使用适当程序的准则知识”）//“应用”

e. 知道木本植物与草本植物的分类（“概念性知识”之“分类和类别的知识”）//“理解”之“分类”

（以上5例，参照“布卢姆教育目标分类学”编制）

状语条件词组，表示给谓语动词与宾语名词联结提供的情境、材料（资料）、时间、地点、目的、原因、结果、方式、工具等条件要素，相当于“学习机会”。使用词汇举例：“在……情况下”“为了……”“采用（运用）”“通过……”“基于……”，等等。状语条件词组，在描述学生学科能力表现的陈述句中，有着重要的特殊价值。正是它，通过情境和条件的要求，促进学生能力表现和学业水平的课程化、教学化；它还能够发挥学生能力表现与校本课程和校本资源相互联结的独特作用，促进课程内容和学生经验的组织。状语条件词组是描述能力表现的陈述句的重要组成部分。陈述句中可以包括一个状语条件词组，也可以包括多个状语条件词组，形成诸如情境、条件、方法、工具等元素的集合。一般来说，记忆类、辨认类的能力表现的陈述，可以不包括状语条件词组。但有趣的是，如果我们将状语条件词组的嵌入作为一种努力，记忆类、辨认类的能力表现的陈述也有包括状语条件词组的可能性；它的显著的好处是能够一定程度融进理解类认知能力，有效改变记忆类、辨认类的能力表现可能有的“死记硬背”的缺陷。为了便于理解，援引 R.M. 加涅、W.W. 韦杰等《教学设计原理（第五版）》第七章“确定表现性目标”第 121 页的 2 个例子来说明。

a. 通过解释光合作用的过程**演示**阳光如何影响植物的生长。

下划线部分“通过解释光合作用的过程”为状语条件句，黑体部分“演示”为谓语动词，楷体部分“阳光如何影响植物的生长”为宾语名词词组。

b. 在计算机实验室情境中，给出一些数据表的简单说明，学生将通过输入计算机、使用合适的数据类型、选择合适的键，在 Microsoft Access™ 中演示数据库表格的创建。

“演示数据库表格的创建”，是这一长句的主干部分，由谓语动词“演示”与宾语名词词组联结成一个能力表现的陈述句。其他下划线部分即为状语条件词组。该句的状语条件词组包括情境、方式、工具等元素。

再征引美国国家教育和经济中心、匹兹堡大学合作研制的《英语、数学、科学、应用学习能力表现标准》一则初中英语（相当于我们的语文）能力标准的陈述为范例（引用时有删减）。

c. 学生通过阐释性、批判性和评价性的活动表现出对非小说类作品、小说、诗歌和戏剧的理解，即做到：

· 分析作者在词汇选择、内容安排和用语方面所产生的效果；

· 评价作品的优点；

· 阐明观点所产生的效果；

· 从人物的背景和基本动机角度分析角色行为的原因；

· 将刻板的人物与丰满的人物进行比较辨别；

· 分析比喻、暗示、措辞、对话和描写等文学手法的效果。

“学生通过阐释性、批判性和评价性的活动表现出对非小说类作品、小说、诗歌和戏剧的理解”，是一则典型的学科能力表现陈述句。后面的具体阐释，也都是能力表现句。其表现为一个句群，形成了由一、二级目录组合而成的结构。这一结构方法的好处是板块清晰、条目明细。在编制能力表现标准体系中，也可以适当参照这一结构方法。

6. 各学科，应从本学科出发，对本手册之“方案编制指导”进行更加明晰、便于实操的改写。

① 列出本学科知识维度（课程内容）、认知维度（学科能力）；依据课程标准，确定各学生学科能力表现的水平基准。在此基础上，以陈述句（即学生学科能力表现句）的方式编制学生学科能力表现体系。现阶段，主要是在对义务教育阶段本学科学生学科能力表现体系总体梳理的基础上，着重于六、七年级，逐条呈现六、七年级学生学科能力表现体系，并以列表等方式表述。表的左列按课程教学的自然顺序用 1、2、3、4、5……长码对学生学科能力表现的第一级排序。表的首行，由左到右按“序号”“一级”“二级”“说明”划分为 4 栏。“一级”“二级”是指学生学科能力表现的上一级与次一级的层次划分。“二级”学生学科能力表现句独立编排序号。这样，某一个具体的学生学科能力表现句就会被标注为如“1.3”“9.5”“11.1”等。“说明”主要是对经由调整的课程衔接的点（块），简述调整的理由和教学建议。对关于课程衔接的点（块）的学生学科能力表现句（句群），在列表中可以用不同字体或颜色标明。

② 在涉及课程衔接的每一句学生学科能力表现陈述句之后，均应附有至少一则试题（作业、任务或活动设计），用以具体说明这一个陈述句表示的能力表现，以便教学者、评价者（包括试题命制者）理解，也有利于学生的学习。《浙江省教育厅关于深化义务教育课程改革的指导意见》强调“改进作业布置和批改”。课程衔接作为深化课程改革的任务和要求，理应重视作业的内容和方式的变革。各科课程标准在文本表述中也十分重视举例说明。

③ 课时，是课程的要素之一，与课程实施和教学管理紧密相关。对由于课程衔接的调整带来的课时变动，各学科应通盘考虑、统筹安排，并在本学科课程衔接方案中专门列出一节予以具体表述。

二、课例研究指导

（一）概述

世界范围内对课例研究的关注始于对“远离教学的变革运动”的反思。尽管互为引用借鉴，各国、各地的课例研究的运用领域和发挥功能不尽相同。但是，我们仍然能够发现其间的明显的“家族相似性”。简括之，有如下共同性：目的是通过教学和学习的持续改进推进教师、学校、学生的持续发展；目标是主题先行，具有一定的课题属性；内容上，基于校本，置于情境，以课堂为主要观察与研究对象；机制上，问题解决与任务驱动；方法上，研究的与反思的；主体上，协同的共同体。

（二）基于课程衔接的课例研究的基本原则

1. 组织化

课例研究，作为对“远离教学的变革运动”的反思，具有“底层性”；从制度化、组织化的角度看，亦具有“基层性”。基于课程衔接的课例研究，根底在学校。以学校为其根底，有两条线来制度化架构和组织化实施课例研究的行动。一条是行政起头，即行政的“管”—学校的“办”—教师的“教”。也就是说，区域教育行政部门要将课例研究纳入到自己的管理视野，给予必要的引导和支持，从而进一步深化课程改革，促进区域课程教学工作协调发展。另一条是教研起头，即教研部门的“研”—学校的“研”—教研组（学科组）以及教师的“研”。中国特色的教研制度，是我们开展课例研究的显著优势和重要保障。对基于课程衔接的课例研究来说更是如此。因为基于课程衔接的课例研究，任务重、要求高、牵涉面广、系统性强，更加需要制度化和组织化的支持，教研体系在其中理所当然的需要承担更多的任务，发挥更大的作用。

2. 系统性

《教育部关于全面深化课程改革落实立德树人根本任务的意见》提出“五个统筹”的要求，对不同学段、不同学科、课程实施的关键环节、相关力量和重要阵地进行了总体规划和统筹设计。统筹课标、教材、教学、评价、考试五个环节，是“五个统筹”的一个重要部分，也是推进“五个统筹”、深化课程改革的核心内容。由此可以看出，课程衔接是一项系统性的工作。

基于课程衔接的课例研究，需要有总体观、系统观，采取总体方案指导下具体实施的策略。总体方案，发挥“总览”与“总揽”的作用。具体的课例研究，譬诸城砖之于长城，必须接受总体方案的统辖。具体的课例研究，不应该是孤立的，而应该“前后照应”(纵向的)、“左右逢源”(横向的)、“里应外合”(内部课程系统与外部制度系统)，应该能够于“微言”中蕴含“大义”，从而“由小见大”“见微知著”，体现系统性要求。从这个角度看，也可以看出课程衔接离不开课例研究——必须是“课”的又是“研究”的，非“课”不为落实，非“研究”不能深入其里，究明其理，发挥“示范”与“举证”的作用，从而构建课程衔接的体系，切实深化课程改革。

3. 课题式

确定主题，是一般课例研究通行的环节。基于课程衔接的课例研究，更加重视主题的设定，并且由此贯穿课例研究全过程。按照课程衔接的系统性要求，课例研究应该具有总体方案下的分课题的特征。当然，我们只是说“课题化运作”，因为课例研究还不足以构成我们通常所见的一般性课题，或者说它只是微型课题。

参照课题的基本程序，课例研究包括：①制订课题研究方案。包括：准确表述本学科课程衔接的框架与要点，本课例研究所研究的主题以及目的、目标、依据与条件等；确定采用的研究方法；安排研究计划及人员分工、课题研究的组织和协调等。②实施课题研究。主要反映下面要简述的备课、听课、评课、周复等环节。③撰写成果报告。主要反映下面要简述的成果环节。

(三)基于课程衔接的课例研究的一般规程

1. 备课

备课，即制订课题研究方案。需要说明的是，传统的备课，是教师根据学科课程标准的要求和本门课程的特点，结合学生的具体情况，选择最合适的表达方法和顺序，以保证学生有效地学习。基于课程衔接的课例研究，则是课程的研究、开发与开设。所备之课，既是教学的课，更是研究的课，是课题展开的环节。需要说明的是，基于课程衔接的课例研究，属于实验性课题。实验性课题，是在一定理论或假设指导下，通过实验探究变量关系揭示教育规律的活动。这是在备课环节要考虑周详、计划到位的。

2. 上课 / 听课

常规的听课，是一种对课堂进行仔细观察的活动，着眼于了解和认识课堂，关注教师的学科知识，关注教师在具体教学情境中的教育技能、教育方法和手段的状态、质量和成效，关注学生的学习状态与学习质量和成效，关注课程目标的预设和达成的效度。基于课程衔接的课例研究的听课，仍然将上述内容纳入到观察的视野，但是更加注重对课程衔接的议题的关注：一方面，课本身就是研究行为和研究方式；另一方面，听课亦即对课的研究，将课作为研究对象，探求课程衔接的合理性。

为了更好区分这两者，可以借用因变量与自变量的关系加以说明。任何一个系统（或模型）都是由各种变量构成的。这对概念源自数学。函数关系式中，某特定的数会随一个（或几个）变动的数的变动而变动，就称为因变量。如：y=f（x）。此式表示为：y随x的变化而变化。y是因变量，x是自变量。在心理实验中，自变量是由实验者操纵、掌握的变量。随着观测点和观测目的的变化，自变量与因变量可以转换。比如以课程为观察分析目标，那么课程就是自变量，而被影响的教学和学习状态就是因变量。反之，如果以教学和学习状态为观察分析目标，那么教学和学习状态就是自变量，而被影响的课程教学内容就是因变量。通常的听课，关注的显然是教学和学习状态，是教学和学习的有效性；有效与否，是通过被影响的课程教学内容来说的。基于课程衔接的课例研究，关注的显然是课程的衔接，是衔接课程设置的合理性；合理与否，是通过被影响的教学和学习状态来说的。当然，两者并不能截然分割。基于课程衔接的课例研究，也必然关注有效性，但是有效性是指向课程设置的合理性的论证。

3. 评课

评课，是听课环节的延续，是听课基础上的集结与研讨。我们这里强调的课例研究是共同体行动，这是所有课例研究都要遵循的，这也是课例研究与常规听课、评课的区别。常规的听课、评课，是在听别人的课、评别人的课。课例研究，与其说是在听别人的课、评别人的课，毋宁说是在听“我们”的课、评“我们”的课，是“课题组”内部的共同任务。评课与听课，都必须拟定听与评的观察框架与任务，并分工到人，形成每个人的任务的“1+X”的主辅结构。“1”就是他所分工到的任务，“X”就是兼及其余，并在兼及其余中形成整体观照；进而促进每个人进入研究状态，避免个人兴趣点和注意力主导，避免经验式的浅尝辄止，也避免止于打印象分的缺乏研究深度的浮掠的评价。同时，也形成了分工—合作的“课题组”内部的研究机制，便于工作的协调、统筹，思想的交流、交融，课题的不断整合、深化与推进。显然，这里没有观众，或者说自己是自己的观众，每个人都是编剧、导演、灯光师、乐师。“我们”既是研究的主体，也是研究的对象，之间的界限是游移的和犹疑的。强调这一点，为的是促使每个人都能够投入进去，有效地将“I–you”的关系转换为“I–me”的关系，改变心智（不自私、敞亮的），自我超越（不自满、发展的），系统思考（不自闭、开放的），从而真正形成任务共同体、价值共同体。常规的听课、评课，听过、评过之后，就解散了，至于是否有“余音”、有“回味”，那是个人的事。而课例研究的听课与评课，只是课例研究环节中的组成部分，离形成作为成果的报告，作为“同行者”，还有待续的工作要共同承担、一起完成。

4. 周复

持续改进，是一般课例研究的组成部分。所谓的持续改进，就是指在对此前的备课、听课（上课）、评课的研究和反思的基础上，再基于研究进行新一轮的备课、听课（上课）、评课，这之后才能形成研究报告等形式的成果。如此周而复始，形成规划、行动、观察、反思和重新规划的循环过程。周复，不是工作的叠加，不是“最好这样”，而是工作的有机组成部分，是“必须这样”。课例研究的所说的“研究”，不是书斋式的、学究式的，而是情景式的、实践性的。正因为有前一段，又有后一段，前一段构成了课例研究的对象，而后一段构成了对前一段的实质性研究。如附图 3 所示：

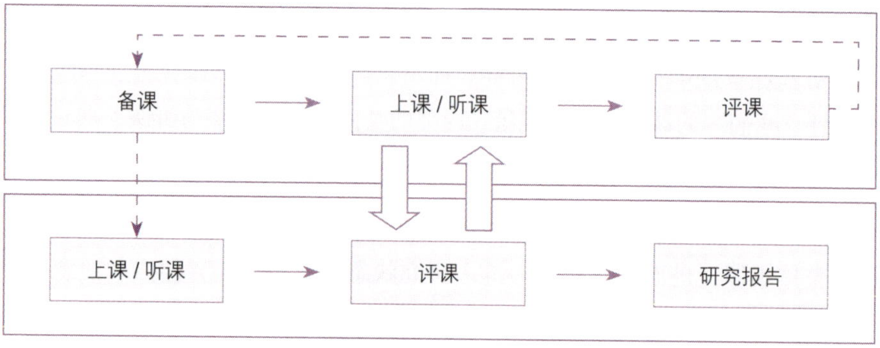

附图 3

显然，附图 3 所示的下面一个大框所展示的规程远不只是简单地“再来一遍”。上下两个大框的关系：一方面，下面大框是上面大框的持续；另一方面，上面大框又是下面大框的研究对象，也就是说下面大框之所为，乃是对上面大框之所为的研究行动和研究方式。课例研究，既是“对课例的研究”，又是“以课例的方式来研究”。有学者认为，“一次教学称为‘研究课’，两次研究课便形成一次课堂研究”，是有一定的道理的。也就是说，如果没有周复这个阶段，就没有形成真正意义上的课例研究。

5. 成果

一般来说，无论哪一种类型，课题研究成果的常用的结构形式都是“老三段”，包括导言（绪论）、正文（本论）、结论三部分。课例研究的成果形式，宽泛地说也可以用“老三段”来做框架。但是，课例研究的成果形式更呈现出自己独特的结构形式。课例研究的成果形式主要应该采用“实录呈现”的方式来“流水式”地表达。它的导言（绪论）的开头部分，应该将以集体备课为主要形式的“课题研究方案”作为主要材料。这一部分，可以采用梳理、提要、总结的偏于说理的结构化语言来表达；如在其中穿插讨论（备课）的实录也是可以的，并且应该予以提倡。主体部分，应该尽量采取实录的方式，记录备课、听课（上课）、评课、周复全部过程。其中第一轮和周复阶段的评课，可以在实录之后加上小结部分。结论，则是对成果的概括并提出相应的建议等。凡实录部分，如果配上音像视频资料最好，特别是课堂实录和评课实录。课堂实录和评课实录，可以将经验、感觉、情感、态度性的内容保留下来，比较好地描述教师的教学状态与学生的学习状态以及课例研究共同体的研究和反思状态；还可以将学生学习机会是否均等，师生、生生人际关系是否良好呈现出来；课例研究中同伴的民主、真诚的对话反思的人际关系也能够因此而反映出来。这些内容，充溢着隐性知识，弥漫着心理的、情感的、态度的以及个人心性的与群体关系的等精微的因素。面对于此，逻辑—科学的语言往往无能为力，而这对教育教学的实践智慧、对教师学科教学知识的发展来说，恰恰是至关重要的。

课例研究应在学科课程衔接方案的基础上开展。一般主张，同一学科的多个课例研究，最好能够关照到本学科内容结构的不同方面，以期能够更具有代表性。课例研究，可以先关注附图 3 所示的上面一个大框（第一阶段），将第一阶段的规程走完、走好，形成半结构课例研究文本。多个半结构文本的完成，可能更有利于为进一步走向附图 3 所示的下面一个大框（第二阶段）的规程积累行动经验。课例研究周期一般应在一个学年中完成，因为通常情况下一个课程教学内容再次复现是在下一个学年的相应时段，这样周复阶段就到了第二个学年了。也因此，主张一个学科最好能够根据课程内容结构拟订多个课例研究计划，形成多个课例研究陆续开展的状态。这样，一方面可以持续推进本学科课程衔接工作的实质性开展，另一方面可以避免单个课例研究的第一阶段与第二阶段相隔太久，带来课例研究信息和热情的耗损。

后记

2013年，中国教科院下城教育改革实验区二轮合作起航。二轮合作选择“九年一贯制学校创新型办学”为深化改革的着力点之一，主动适应教育发展新要求，积极回应和引导社会对教育发展的新期盼，不断满足人民群众对优质教育日益增长的新需求。“九年一贯制学校办学创新探索丛书”即为下城区九年一贯制学校创新型办学的探索与总结，是院区合作的重要成果。

成果付梓，成于各方的勠力同心。本书汇聚了参加编写人员的汗水和智慧，中国教科院下城实验区专家组与下城区教育行政部门、教研群体、学校管理者、教师精英一起并肩协力，辛勤付出。中国教科院院长田慧生、副院长陈子季，实验区办公室主任李晓强等领导同志给予实验区工作和丛书出版全力支持，田院长还特为本书拨冗作序。浙江省教育厅副厅长韩平，下城区区委书记陈卫强、区长吴才敏、副区长包晓东等领导同志对我们的工作一直给予肯定和支持。龚亚夫、李铁安、李正福等专家学者的专业而认真的指导贯穿于九年一贯办学改革全程。浙江省教育科学研究院、杭州市教育科学研究所等单位也为研究提供了诸多智力。在此，心怀感激，一并致以最高的敬意与最诚挚的谢意！

囿于时间、研究条件以及水平，书中难免有不足之处，敬请专家学者和读者朋友批评指正。本书多有参考前人、同仁成果，谨此衷心感谢。希望本书的出版能抛砖引玉，激发同仁对区域教育改革的探讨和研究，形成更多优秀的服务国家教育改革与发展的创新成果。

作　者

2016年8月